Plastic, The Enduring Hope

플라스틱,
썩지 않는 희망

Plastic, The Enduring Hope

플라스틱, 썩지 않는 희망

기후 위기 시대에 다시 읽는 플라스틱의 진짜 가치

오동엽 · 박제영 지음

자유아카데미

들어가며

우리는 하루 동안 얼마나 많은 플라스틱을 만지고 있을까요?

아침에 양치할 때 쓰는 칫솔, 커피를 담는 컵 뚜껑, 점심 도시락을 싸는 포장재, 저녁에 입는 운동복까지. 우리는 하루에도 수십 번, 어쩌면 수백 번씩 플라스틱과 맞닿습니다. 그 무게를 합치면, 한국인 1명이 1년 동안 쓰는 플라스틱만 해도 약 100kg이 넘는다고 합니다. 놀랍게도 이는 매일 페트병 서른 개 이상을 소비하는 셈이지요.

플라스틱은 어떻게 이렇게 우리 곁을 파고들었을까요? 당구공 하나를 만들기 위해 코끼리 상아를 대체하려던 발명가의 아이디어가, 오늘날 지구를 떠받치는 가장 중요한 소재가 되었습니다. 플라스틱 없는 삶은 상상조차 하기 어렵습니다. 의료, 식품, 전자기기, 교통, 포장, 통신… 우리가 살아가는 거의 모든 영역에 플라스틱은 숨어 있거나 당당히 존재하고 있습니다.

그러나 한때는 '기적의 발명품'이었던 플라스틱이 지금은 환경을 파괴하는 주범으로 손가락질받습니다. 잘게 쪼개져 바다를 떠도는 미세플라스틱은 해양 생태계를 위협합니다. 플라스틱은 잘 썩지 않아 주목받았지만, 그만큼 폐기 과정에도 환경에 부담이 되는 것입니다. 이에 텀블러를 들고 다니고, 빨대를 거부하고, '플라스틱 제로'를 외치는 캠페인이 일상이 되었습니다.

하지만 썩지 않는 플라스틱이, 역설적으로 미래를 구할 희망이 될 수 있다면?

바닷속에서 스스로 분해되는 신소재, 스스로 상처를 치유하는 플라스틱, 그리고 공장에서 포자가 잠든 채 들어갔다가 흙 속에서 깨어나는 살아있는 플라스틱까지! 이미 실험실에서는 쉽게 상상하지 못했던 장면들이 펼쳐지고 있습니다.

이 책은 플라스틱의 기원과 현재, 그리고 미래를 하나의 긴 이야기처럼 풀어냅니다. 환경을 파괴하는 괴물로만 여겨졌던 플라스틱이 어떻게 인류의 또 다른 동반자로 거듭날 수 있는지, 그 가능성과 모순을 함께 따라가 봅시다.

플라스틱을 무작정 옹호하려는 것이 아닙니다. 다만, 지금껏 당연하게 믿어온 것들, "플라스틱은 무조건 나쁘다", "없애야만 한다"라는 믿음을 한 번쯤 다시 들여다보자는 제안입니다. 오랫동안 말이 없던 플라스틱에게 잠깐이라도 말할 기회를 주는 것이죠.

플라스틱은 단순한 재료가 아닙니다. 그 안에는 인간의 욕망과 기술, 편리함과 후회, 무지와 가능성이 고스란히 담겨 있습니다. 그 복잡한 얼굴을 있는 그대로 바라보는 것이야말로, 기후 위기 시대에 우리가 진짜 해야 할 첫 번째 질문일지도 모릅니다.

이제 플라스틱에게도 말 좀 시켜볼까요?

2025년 가을

저자 오동엽, 박제영 씀

차례

들어가며 5

1장 지구를 살리려다 욕먹은 재료
환경을 보호하기 위해 탄생한 플라스틱 11

1. 삶의 일부가 되어버린 플라스틱: 플라스틱 시대 13
2. 상아 대신, 코끼리를 구한 발명 17
3. 인구 증가에 기여한 플라스틱 21
4. 에너지를 아껴주는 플라스틱 25
5. 예술의 프로메테우스, 플라스틱 28

2장 플라스틱이 뭐길래?
우리가 몰랐던 플라스틱의 정체 35

1. 플라스틱은 고분자다 37
2. 현대의 대표적인 플라스틱: 열가소성과 열경화성 42
3. 플라스틱 분류, 7가지 재활용 마크의 의미 47
4. 대표적인 플라스틱의 발명 이야기 53

3장 플라스틱은 왜 악당이 되었을까?
남용과 오해로 시작된 환경 오염 이야기 57

1. 분해되지 않는 플라스틱의 저주 59
2. 해양 플라스틱의 대이동 66
3. 미세플라스틱: 작지만 위험한 입자 69
4. 환경호르몬과 케모포비아 73

4장 버려진 플라스틱은 어디로 갈까?

현재의 폐기물 처리 방식과 그 한계 77

1. 매립: 공간은 좁고 쓰레기는 많다 79
2. 소각: 에너지 회수인가, 온실가스 증가인가? 82
3. 재활용: 생각보다 쉽지 않은 현실 84
4. 분리배출, 똑바로 해도 헷갈리는 이유 93

5장 플라스틱을 바꾸는 새로운 상상

바이오 플라스틱과 생분해성 소재들 103

1. 바이오 플라스틱이란? 105
2. 생분해성 플라스틱 무용론, 정말일까요? 112
3. 점점 발전하고 있는 생분해성 플라스틱 116
4. 생분해성 플라스틱, 쓰레기가 아닌 에너지로 다시 태어나다 124

6장 기술은 플라스틱을 다시 구할 수 있을까?

미래에서 온 플라스틱 127

1. 살육과 남용을 막기 위한 플라스틱, 비건 레더 129
2. 박테리아가 플라스틱을 먹는다고? 134
3. 섞이지 않는 플라스틱을 섞다 136
4. 변신하는 플라스틱: 비트리머와 자가치유 소재 139
5. 수명 타이머가 있는 플라스틱: 플라스틱의 텔로미어를 설계하다 143
6. 무엇이든 미끄러지게 합니다: 단, 친환경적으로! 147

7장 플라스틱으로 지구를 식힌다고?

탄소 저감 소재로서의 반전 가능성 151

1. 온실가스와 플라스틱 153
2. 친환경 플라스틱을 통한 탄소 저감 157
3. 광합성의 결과물로서 바이오매스 168
4. 자연이 우리에게 남긴 힌트, 썩지 않는 탄소의 시대 170
5. 플라스틱을 탄소 저장소로 본다면 174
6. 지하에 묻는 썩지 않는 희망 179
7. 바이오차: 숯처럼 탄소를 가두는 법 188

나가며

플라스틱을 다시 바라보는 눈 193

1장

지구를 살리려다 욕먹은 재료

환경을 보호하기 위해 탄생한 플라스틱

1. 삶의 일부가 되어버린 플라스틱: 플라스틱 시대

오늘날 우리는 플라스틱 시대(plastic age)에 살고 있습니다. 이 용어는 플라스틱이 우리의 일상뿐만 아니라 지구 환경에도 깊은 흔적을 남기고 있다는 사실을 강조합니다. 더 넓게 보면, 인류의 활동이 지구 환경에 미치는 극적인 변화를 설명하기 위해 등장한 인류세(anthropocene)라는 용어와도 맞닿아 있습니다.

일부 지질학자들은 현대 인류 문명의 발달이 지구에 너무나 큰 변화를 일으켜 새로운 지질시대가 시작되었다고 주장합니다. 그리고 그 변화를 상징하는 대표적인 요소 중 하나가 바로 플라스틱입니다. 플라스틱은 자연적으로 분해되지 않기 때문에, 지금 우리가 사용하는 플라스틱은 수백 년, 어쩌면 수천 년 동안 지구 어딘가에 남아 있을 것입니다. 심지어 미래의 지질학자들이 오늘날을 연구할 때, 플라스틱이 포함된 지층을 보고 '이곳이 플라스틱 시대였다'라고 말할지도 모릅니다.

이제 플라스틱은 단순한 소재가 아니라, 인류가 남긴 거대한 인공 흔적(artificial footprint)입니다. 인류의 역사에는 항상 그 시대를 대표하는 재료가 있었습니다. 석기 시대에는 돌이, 청동기 시대에는 금속이 주된 도구였고, 이제 우리는 플라스틱이 지배하는 시대를 살고 있습니다.

그렇다면 우리는 어떻게 이 '플라스틱 시대'를 맞이하게 되었을까요? 처음 플라스틱이 발명되었을 때만 해도 사람들은 이 새로운 물질에 열광했습니다. 가볍고 튼튼하며, 저렴한 플라스틱은 모든 분야에서 혁신을 가져왔습니다. 하지만 그 뒤편에 숨겨진 거대한 문제가 시간이 지나면서 조금씩 드러나기 시작했습니다.

이 책을 쓰고 있는 필자 두 사람은 각각 1984년과 1985년에 태어났습니다. 필자들이 초등학생이었던 1990년대만 해도 플라스틱이라는 단어는 지금처럼 흔하지 않았습니다. 영어 알파벳을 겨우 배우던 시절, 'PLASTIC'이라는 단어는 해석하기조차 어려웠습니다.

코카콜라 병은 유리병에서 플라스틱 병으로의 변화를 상징하는 대표적인 아이콘입니다. 1990년대 초까지 전 세계 사람들에게 코카콜라는 유리병의 이미지로 각인되어 있었습니다. 그 병은 단순한 음료 용기를 넘어서, 영화와 광고 속에서 당시 경제적 풍요의 상징으로 자주 등장했습니다. 예컨대, 1980년대에 세계으로 흥행했던 영화 〈부시맨The Gods Must Be Crazy〉과 〈중경삼림〉에서는 유리병에 담긴 콜라가 '손에 잡히는 풍요'를 상징적으로 보여주곤 했습니다.

우리나라에서도 비슷한 정서가 있었습니다. 비록 코카콜라 병은 아니지만, 1990년대를 투영한 인기 드라마 〈응답하라 시리즈〉에서 자주 등장하는 과일 주스 유리병 역시 그 시절의 향수처럼 남아 있습니다.

불과 30년 전인 1990년, 전 세계 플라스틱 생산량은 약 1억 톤 정도였습니다.[1] 그런데 2024년에는 이 수치가 무려 4억 5천만 톤을 넘어섰습니다. 4.5배 이상 증가한 것입니다. 매년 생산되는 플라스틱의 양을 숫자만으로는 감이 잘 오지 않을 수도 있습니다. 그래서 서울의 상징적인 건축물인 롯데월드타워로 비교해보겠습니다. 롯데월드타워의 무게는 약 75만 톤입니다. 그러니까 매년 생산되는 플라스틱의 양은 롯데월드타워 약 600개를 쌓아 올린 것과 같은 무게입니다.

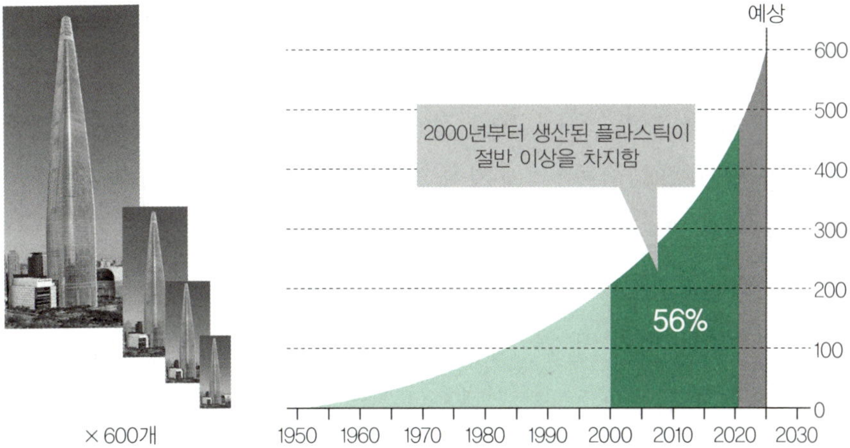

[롯데월드 타워로 비교해보는 플라스틱 생산량(왼쪽) 및 플라스틱 생산량 추이 그래프(오른쪽)
(출처: kallerna, CC BY-SA 4.0, Wikimedia Commons)]

플라스틱 생산량이 증가하는 속도는 매년 가파르게 증가하고 있습니다. 1960년대부터 본격적으로 생산되기 시작한 플라스틱은 세계 경제 성장 및 기술 발전과 함께 급속도로 늘어났습니다. 1965년부터 1994년까지 30년간의 플라스틱 누적 생산량과 1995년부터 2024년까지 30년간의 누적 생산

1 https://www.oecd.org/en/publications/global-plastics-outlook_de747aef-en.html
OECD: Global Plastics Outlook

량을 비교해보면, 후자의 양이 무려 5배 이상 많아졌습니다. 더 놀라운 사실은 2000년 이후 생산된 플라스틱 총량이 그 이전 수십 년간 생산된 플라스틱 양을 이미 뛰어넘었다는 것입니다.

하지만 문제는 여기서 끝나지 않습니다. 이 엄청난 양의 플라스틱은 단순히 생산되고 끝나는 것이 아니라, 매년 '누적'되고 있습니다. 플라스틱은 대부분 자연에서 분해되지 않기 때문입니다. 그야말로 눈덩이처럼 불어나는 플라스틱의 산이 지구 곳곳에 쌓이고 있는 셈입니다.

이제 이 이야기를 우리 개인의 삶으로 좁혀보겠습니다. 단순한 산술로 계산해보면, 여러분 개인은 평균적으로 10년 전보다 플라스틱을 약 2~3배 더 많이 사용하고 있습니다. 10년 전에는 밀키트가 지금처럼 흔하지 않았고, 당일 배송 택배, 일회용 커피잔이 지금처럼 흔하지 않았습니다.

증가하고 있는 플라스틱 생산량에 한국의 국민들이 상당한 역할을 하고 있습니다. 최신 OECD 통계에 따르면, 한국인의 1인당 플라스틱 연간 사용량은 약 106kg으로, 세계에서 가장 높은 수준 중 하나입니다. 이 숫자를 하루로 환산하면 약 300g입니다. 500mL 페트병 하나의 무게가 평균 10g이라는 점을 감안하면, 하루에 약 30개의 페트병에 해당하는 플라스틱을 사용하고 있는 셈입니다.[2] '그럴 리 없다'고 생각하실 수도 있습니다. 하지만 잠시 어제 하루를 돌아봅시다. 배달 음식이 담겨 온 플라스틱 용기와 포장재, 테이크아웃 커피잔의 플라스틱 뚜껑과 빨대, SPA 브랜드에서 산 옷에 붙어 있던 비닐 포장재, 그리고 다이소에서 구입한 작은 플라스틱 생활용품들까지. 하루 동안 사용한 것들을 천천히 떠올려보면, 그 양이 결코 적지 않다는 것을 깨달을 수 있습니다.

---

2 A Regional Plastics Outlook: Rationale and key findings: Regional Plastics Outlook for Southeast and East Asia | OECD

2. 상아 대신, 코끼리를 구한 발명

플라스틱은 인류에게 매우 유용하고 실용적인 물질입니다. 만약 플라스틱이 별 가치가 없는 물질이었다면, 지금처럼 엄청난 양이 생산되고 오남용되는 부작용도 나타나지 않았을 것입니다.

오늘날 플라스틱은 우리가 매일 접하는 가장 흔한 물질 중 하나이며, 현대 문명을 대표하는 재료라고 해도 과언이 아닙니다. 플라스틱은 놀라운 장점들을 가지고 있습니다. 가볍고 튼튼하며 값싸게 대량생산할 수 있고, 원하는 형태로 자유롭게 바꿀 수 있습니다. 또한 필요에 따라 투명하게 만들 수도 있으며, 쉽게 부식되지도 않습니다. 이런 장점들 덕분에 플라스틱은 의류, 전자기기, 식품 포장재, 건축 자재 등 우리가 사는 세상의 거의 모든 곳에 사용되고 있습니다.

그런데 지금은 플라스틱이 너무 많이 생산되고 사용되면서 환경 문제를 일으키고 있습니다. 많은 사람들이 플라스틱 사용을 줄여야 한다고 목소리를 높이고 있습니다. 하지만 처음 플라스틱이 탄생한 이유는 우리가 흔히 생각하는 것과는 조금 다릅니다. 플라스틱은 처음부터 환경을 오염시키기 위해 만들어진 물질이 아니었고, 오히려 환경을 보호하기 위한 대안으로 개발된 물질이었습니다.

19세기 중반, 인류는 일상생활에서 필요한 다양한 물건들을 자연에서 얻은 재료에 의존하고 있었습니다. 그중에서도 코끼리 상아와 거북이 등껍질은 특히 귀하고 값비싼 소재로 여겨졌습니다. 상아는 아름다운 광택과 단단한 내구성을 가지고 있어, 당시 귀족과 부유층의 생활용품과 장식품에 자주 사용되었습니다.

대표적인 사용 예로 포켓볼(당구) 공이 있습니다. 오늘날에는 플라스틱으로 만든 공이 흔하지만, 당시에는 포켓볼 공을 만들기 위해 반드시 코끼리 상아가 필요했습니다. 상아는 잘 깎여 원하는 형태로 가공하기 쉬웠고, 적당한 무게와 탄성을 가지고 있어 당구공으로 사용하기에 완벽한 재료였습니다. 하지만 문제는 그 수요가 너무나도 많았다는 것입니다.

당시 포켓볼 공 4~5개를 제작하려면 코끼리 한 마리의 상아가 필요했을 정도로 상아의 소비량은 엄청났습니다. 이로 인해 아프리카와 아시아의 코끼리들은 무분별하게 사냥당했고, 그 개체 수는 급격히 감소하기 시작했습니다. 심지어 일부 지역에서는 코끼리들이 멸종 위기에 놓이기도 했습니다.

상아는 포켓볼 공 외에도 다양한 용도로 사용되었습니다. 피아노 건반, 장식품, 도장, 손잡이 등 일상생활의 여러 부분에 스며들었고, 부유층에게는 권력과 부의 상징처럼 여겨졌습니다. 거북이 등껍질 역시 귀한 재료로, 안경테, 빗, 장신구 등으로 가공되어 사용되었습니다.

당시 사람들은 코끼리의 개체 수 감소에 대한 위기의식을 서서히 느끼

[당구공 재료를 위한 코끼리 상아 밀렵 (출처: Svetlana Foote/Shutterstock)]

기 시작했습니다. 그러나 여전히 상아와 거북 등껍질에 대한 수요는 줄어들지 않았고, 대체할 만한 소재는 쉽게 나타나지 않았습니다. 결국, 더 지속 가능한 대체 재료를 찾기 위한 노력이 본격적으로 시작되었습니다. 이런 시대적 배경 속에서, 사람들은 새로운 물질을 만들어낼 필요성을 느끼게 되었습니다. 자연을 더 이상 고갈시키지 않으면서도 상아와 같은 특성을 가진 물질, 즉 대체 소재를 개발하는 것이 중요한 과제가 되었습니다. 그리고 이 과제를 해결하기 위한 시도가 바로 플라스틱의 탄생으로 이어지게 됩니다.

1863년, 뉴욕 타임스의 광고란에는 상아를 대체할 당구공 물질을 가져오는 사람에게 1만 달러를 상금으로 주겠다는 내용이 실립니다. 당시 1만 달러는 현재로 환산하면 약 2억 5천만 원입니다. 실로 어마어마한 상금입니다! 이러한 강력한 인센티브를 발판으로 플라스틱 개발의 첫걸음을 내딛게 된 인물 중에는 미국의 존 웨슬리 하이엇(John Wesley Hyatt)이 있었습니다. 그는 몇 년 뒤인 1869년, 코끼리 상아를 대체할 수 있는 물질을 개발하기 위해 셀룰로이드(celluloid)를 특허 등록했습니다. 셀룰로이드는 식물에서 추출한 셀룰로스(cellulose)에 화학 처리한 질산을 가해 만든 최초의 반합성 플라스틱으로, 강도와 유연성을 지닌 새로운 재료였습니다.

[존 웨슬리 하이엇]

흥미롭게도, 당시 당구용품 회사가 내건 '상아 대체재 개발 시 1만 달러 상금'의 주인공이 되었음에도, 셀룰로이드 당구공은 충격에 약하다는 이유로 하이엇은 상금을 받지 못했습니다. 그럼에도 그의 발명은 상아 사용을 줄이는 계기를 마련했고, 무엇보다 플라스틱 혁명의 서막을 여는 중요한 전환점이 되었습니다.

그 후, 20세기에 들어와 플라스틱은 점차 자연 재료에서 벗어나 완전히 합성된 형태로 발전하기 시작했습니다. 1907년에는 미국의 화학자 리오 베이클랜드(Leo Baekeland)가 석유에서 유래한 두 화합물인 페놀과 폼알데하이드를 결합하여 최초의 완전 합성 플라스틱인 베이클라이트(Bakelite)를 개발했습니다. 베이클라이트는 열에 강하고 전기 절연성이 뛰어나 다양한 산업 분야에서 혁신적인 재료로 각광받았습니다.

베이클라이트의 성공 이후, 플라스틱은 세계 각지에서 다양한 화학적 조합을 통해 새로운 형태로 발전했습니다. 1930년대에는 나일론(nylon)이 개발되어 섬유 산업에 혁신을 일으켰고, 폴리에틸렌(polyethylene)과 폴리프로필렌(polypropylene) 같은 다양한 플라스틱 소재들이 등장하면서 우리의 일상생활은 플라스틱 중심으로 급격히 변화하기 시작했습니다. 특히, 1960~70

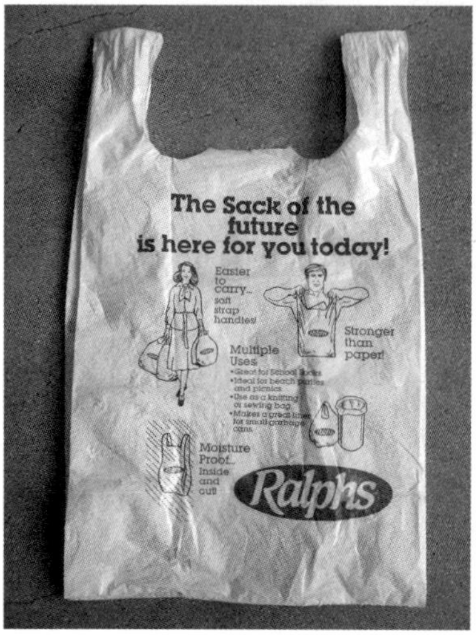

[우수한 특성으로 종이봉투를 대체하게 된 폴리에틸렌 봉투 (출처: jericl cat/flickr)]

년대에 걸쳐서 소비경제의 활성화로 인해 나무를 벌목해서 만들어내는 종이 봉투의 사용량이 급증하면서 산림훼손의 자연환경 파괴 문제가 대두되었는데, 마침 폴리에틸렌 생산 공정의 발전으로 생산성과 품질이 좋아진 플라스틱 봉투가 대량 보급되면서 다시 한번 지구의 산림자원을 지켜낼 수 있었습니다.

3. 인구 증가에 기여한 플라스틱

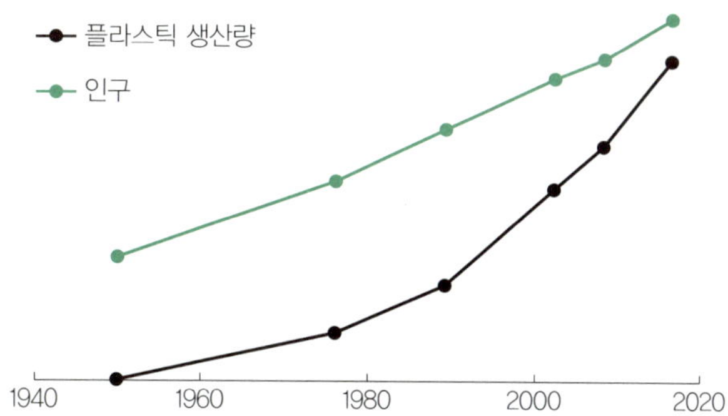

[인류의 성장을 따라가는 플라스틱 생산량]

산업 혁명 이후, 인류는 빠르게 성장하고 변화했습니다. 19세기 초반 약 10억 명이었던 세계 인구는 20세기 중반 25억 명을 넘어섰고, 현재는 80억 명을 돌파했습니다. 이처럼 빠르게 증가한 인구는 더 많은 식량, 의복, 자원, 그리고 생활용품을 필요로 했습니다. 이 과정에서 플라스틱은 중요한 역할을 수행했습니다. 저렴한 비용, 가벼운 무게, 강한 내구성, 썩지 않는 성질, 그리고 손쉬운 대량 생산 덕분에 플라스틱은 인구 증가와 경제 발전 속에서 없어서는 안 될 재료가 되었습니다.

우리가 사용하는 소재는 크게 금속, 세라믹, 고분자로 나뉩니다.

- **금속**: 철, 알루미늄 등으로 대표되며, 강하고 단단하며 높은 온도에서도 견딜 수 있습니다.
- **세라믹**: 도자기, 유리, 돌맹이와 같이 단단하지만 쉽게 깨지며 유연성이 부족합니다.
- **고분자**: 면 소재, 가죽, 사람의 피부, 나무, 고무, 종이, 그리고 플라스틱이 여기에 속합니다.

이 중에서 고분자 소재는 다른 두 소재와 비교했을 때 중요한 특징을 가지고 있습니다. 고분자는 가볍고, 잘 구부러지며, 쉽게 찢어지지 않고, 늘어나면서도 질긴 특성을 가지고 있습니다.

이런 특징 덕분에 고분자 소재는 다양한 용도에 활용될 수 있습니다. 예를 들어, 금속이나 세라믹으로는 절대 옷을 만들 수 없고, 신발도 만들 수 없습니다. 하지만 고분자 소재는 부드럽고 유연하기 때문에 옷, 신발, 가방 등 우리 일상생활에서 필요한 제품을 만드는 중요한 역할을 합니다.

만약 현재의 80억 인구가 모두 전통적인 면, 가죽, 모직, 마 등 천연 섬유로만 옷을 입는다면 어떻게 될까요? 전 세계 농경지와 목축지는 그 수요를 감당할 수 없을 것이며, 숲과 초원은 사라지고 생물다양성은 크게 위협받을 것입니다. 지금도 면화를 재배하기 위해 막대한 양의 물과 농약이 사용되고 있는데, 플라스틱 섬유가 없었다면 이러한 환경 부담은 더욱 커졌을 것입니다.

플라스틱 섬유, 즉 합성 섬유는 실제로 사람 한 명이 매일 입을 수 있는 옷을 훨씬 적은 자원으로 만들어낼 수 있게 했습니다. 이는 단지 의복 문제를 해결한 것이 아니라, 지구 자원의 절약과 인구 증가에 따른 의생활 수요를 동시에 충족시킨 결정적인 기여입니다.

특히 고분자 중에서도 플라스틱은 합성 기술을 통해 대량 생산이 가능해지면서 20세기 인류의 삶을 완전히 바꿔놓았습니다. 플라스틱은 다음과 같은 3가지 이유에서 인구 증가에 기여했습니다.

첫 번째, 플라스틱의 발명이 없었다면 급격히 증가하는 인구의 섬유, 피혁, 신발 제품 등에 대한 수요를 감당할 수 없었을 것입니다. 과거 사람들은 옷과 신발, 가방, 포장재를 만들기 위해 주로 천연 고분자 소재에 의존했습니다. 예를 들어, 면(목화), 삼베, 양모, 실크(비단), 동물 가죽이 주된 원료였습니다. 하지만 이러한 소재는 생산량이 한정되어 있고, 생산비용이 매우 높았습니다.

삼베와 비단은 귀한 재료였기 때문에 과거에는 화폐와 같은 가치로 사용되기도 했습니다. 조선 시대에는 옷감으로 세금도 납부했습니다. 하지만 오늘날 80억 명이 넘는 인구의 의복과 생활용품을 모두 천연 소재로 충당하기란 불가능한 일입니다.

이 문제를 해결한 것이 바로 합성 섬유입니다. 석유에서 얻어지는 부산물을 화학적으로 합성하여 플라스틱을 만들고, 이를 열로 녹여 가느다란 실처럼 뽑아낸 것입니다. 이렇게 만들어진 폴리에스터, 나일론, 아크릴과 같은 합성 섬유는 대량 생산이 가능하고 비용도 저렴했습니다. 이 섬유들은 가볍고 튼튼하며 건조가 빠르고 구김이 적어 일상생활에 매우 유용했습니다.

특히 나일론은 1930년대에 개발되면서 여성용 스타킹, 방수 의류, 낙하산 등에 사용되었고, 폴리에스터는 세탁이 편리하고 내구성이 좋아 일상복과 스포츠웨어로 널리 사용되었습니다. 이처럼 플라스틱 기반 합성 섬유는 의류 산업의 혁신을 이끌었고, 오늘날 누구나 저렴한 비용으로 옷을 입을 수 있는 세상을 가능하게 만들었습니다.

두 번째 플라스틱은 식량의 보관과 운송에 필수적인 요소입니다. 인구가 급증하면서 가장 중요한 문제 중 하나는 식량의 안정적인 공급과 보관이었습니다. 아무리 많은 식량을 생산하더라도, 그것을 제대로 보관하고 유통하지 못한다면 인구 증가를 뒷받침할 수 없었을 것입니다.

플라스틱은 식량의 신선도를 유지하고, 미생물이나 해충의 침입을 막으며, 유통 과정에서의 손상을 방지하는 데 중요한 역할을 했습니다. 특히 플라스틱 필름과 용기는 식품의 유통 기한을 획기적으로 늘렸습니다. 예를 들어, 과일이나 채소를 플라스틱 필름으로 포장하면 외부 공기와 습기의 영향을 최소화해 더 오래 신선함을 유지할 수 있습니다. 또한, 플라스틱 용기는 물과 공기를 차단해 가공식품이 부패하지 않도록 보호합니다. 플라스틱 포장재의 이러한 특성 덕분에 전 세계 식량 공급망이 더 효율적으로 구축될 수 있었고, 수천 킬로미터 떨어진 곳에서도 신선한 음식을 맛볼 수 있게 되었습니다.

뿐만 아니라 플라스틱은 대량 생산이 가능하고 가격이 저렴했기 때문에 식품 포장 시장을 빠르게 장악했습니다. 이렇게 식품을 안전하고 신선하게 보관 및 유통할 수 있는 기술은 인구 증가와 경제 발전의 중요한 원동력이 되었습니다.

EU 보고서에 따르면,[3] 최근 유럽에서 매년 5천 9백만 톤 이상의 식량이 낭비되고 있다고 합니다. 사실 이 역시 플라스틱 포장재 덕분에(?) 이 정도에 머무르고 있다고 봐야 합니다. 플라스틱 포장재가 없었다면 훨씬 더 엄청난 수치였을 것입니다. 이 수치를 더 줄여 나가는 것이 앞으로 식품 포장재 기술 발전의 목적이라고 할 수 있겠습니다.

세 번째, 플라스틱은 의료 혁신과 위생의 향상에 기여했습니다. 플라스틱은 의료 분야에서도 혁신을 가져왔습니다. 특히 일회용 의료용품의 등장

3 https://ec.europa.eu/eurostat/statistics-explained/SEPDF/cache/110448.pdf

은 인류의 평균 수명을 크게 늘리고 전염병 확산을 줄이는 데 큰 기여를 했습니다.

과거에는 주사기, 수술 도구, 의료 장비가 주로 유리나 금속으로 만들어졌습니다. 이 도구들은 사용 후 세척과 소독을 거쳐야 했지만, 완벽하게 소독되지 않는 경우 병원균이나 바이러스가 남아있어 교차 감염의 위험이 있었습니다.

플라스틱은 이 문제를 해결했습니다. 값싸고 가벼운 플라스틱은 일회용 주사기, 수액백, 수술용 장갑, 거즈, 마스크 등 다양한 의료 용품으로 사용되었고, 한 번 사용한 후 재사용하지 않고 바로 폐기할 수 있었습니다.

일회용 의료용품은 교차 감염 위험을 크게 줄였고, 전염병 확산을 막는 중요한 역할을 했습니다. 특히 코로나19 팬데믹 동안 일회용 마스크와 보호 장비가 없었다면 전 세계적인 대규모 감염 사태는 더욱 심각했을 것입니다.

4. 에너지를 아껴주는 플라스틱

우리가 자주 가는 마트나 편의점을 떠올려 봅시다. 주변을 둘러보면 플라스틱 포장재가 넘쳐나는 것을 쉽게 알 수 있습니다. 실제로 전 세계에서 사용되는 플라스틱의 35~45%가 포장재로 쓰이고 있으며, 폐플라스틱 중에서도 포장재가 가장 큰 비중을 차지합니다. 전자제품, 화장품, 음식 음료 등의 포장이 그 대표적인 예입니다.[4]

다시 마트로 돌아와 살펴보면, 유리병에 담긴 음료는 주로 술 종류에

4 Monika Dokl et al, Global projections of plastic use, end-of-life fate and potential changes in consumption, reduction, recycling and replacement with bioplastics to 2050, Sustainable Production and Consumption, Volume 51, 2024, Pages 498–518.

한정되어 있고, 대부분의 음료는 페트병에 담겨 있습니다. 페트병은 가볍고, 생산 비용이 저렴하며, 운송 시 비용 절감 효과도 크기 때문입니다. 여러분이 만약 오렌지 주스 공장의 사장이라고 생각해봅시다. 제품을 마트까지 운송해야 하는데, 무거운 유리병에 담는 것보다 가벼운 페트병을 선택하면 무게가 줄어들어 운송비를 절약할 수 있습니다. 운송비가 줄어든다는 것은 운송 과정에서 발생하는 이산화탄소 배출량도 줄어든다는 의미입니다. 이로 인해 "환경적으로 유리하다"는 마케팅 포인트로 활용할 수도 있습니다. 게다가 페트병은 유리보다 생산 비용도 훨씬 저렴합니다.

게다가 2장에서 살펴보겠지만, 고분자는 금속 및 세라믹과 다르게 점탄성을 가지고 있는 소재라 전자제품이나 음식물을 충격으로부터 보호하며, 소비자가 찢기 쉬워서 개봉하기에도 매우 용이합니다. 이런 이유로, 오늘날 우리가 마트에서 만나는 대부분의 상품들이 플라스틱 포장재에 담겨 있는 것입니다.

플라스틱은 에너지를 절약하는 데에도 중요한 역할을 하는 소재입니다. 유리나 금속, 세라믹과 비교했을 때, 플라스틱은 더 가볍고 가공하기 쉬우며, 운송과 생산 과정에서 에너지 소모를 크게 줄일 수 있습니다. 이 때문에 플라스틱은 다양한 산업 분야에서 에너지 절약을 위한 핵심 소재로 자리잡고 있습니다.

앞서 영화 〈부시맨〉과 드라마 〈응답하라 시리즈〉에서 언급했듯이, 과거에 음료수나 탄산음료는 주로 유리병에 담겨 판매되었습니다. 유리는 세라믹 소재 중 하나로, 단단하고 투명하지만 매우 무겁고 깨지기 쉽다는 단점이 있었습니다. 이 때문에 유리병은 운송 중 파손을 막기 위해 추가적인 보호 포장이 필요했고, 그로 인해 운송에 더 많은 에너지가 소비되었습니다.

반면, 플라스틱병은 가볍고 깨지지 않아 보호 포장이 크게 줄어들었습니다. 이로 인해 운송 과정에서의 화석연료 사용량이 감소하고, 같은 양의 음료수를 더 효율적으로 운송할 수 있게 되었습니다.

여기서 중요한 차이점은 밀도(부피당 무게)입니다. 일반적으로 우리 주변에서 주로 보이는 소재들의 밀도는 다음 표와 같습니다.

소재	밀도(g/cm³)
유리(세라믹 소재)	약 2.5
플라스틱(PET 기준)	약 1.4
철(금속)	약 7.9
알루미늄(금속)	약 2.7

이 데이터를 보면 알 수 있듯이, 유리와 플라스틱은 밀도 차이가 약 1.8배입니다. 더 큰 차이는 금속과 플라스틱 사이에서 나타납니다. 같은 부피에서 철은 플라스틱보다 약 5.6배 무겁고, 알루미늄은 약 1.9배 무겁습니다. 즉, 같은 부피의 병이나 부품을 만들 때 플라스틱은 훨씬 더 가볍기 때문에 운송 시 필요한 연료와 에너지를 절감할 수 있습니다.

이 이야기를 확장해서 자동차, 항공기 등의 부품에도 적용할 수 있습니다. 자동차와 항공기 산업에서도 경량화는 매우 중요한 목표입니다. 무게가 가벼워질수록 연료 소모가 줄어들기 때문입니다. 금속이나 세라믹 소재는 매우 튼튼하지만 무겁고 가공이 어렵습니다. 반면, 플라스틱은 가볍고 유연하면서도 내구성이 뛰어나 다양한 부품에 활용할 수 있습니다.

예를 들어, 자동차의 대시보드, 문짝, 연료탱크, 일부 엔진 부품 등이 금속에서 플라스틱으로 대체되고 있습니다. 항공기 또한 플라스틱 기반의 복합소재를 활용해 무게를 줄이고 연료 효율성을 높이고 있습니다. 플라스틱을 사용하면 자동차의 무게를 약 10% 줄일 수 있고, 연비는 약 5~7% 개선될 수 있습니다. 항공기에서는 더욱 큰 차이가 나타나며, 무게를 1kg 줄일 때마다 비행 시 연료 소비가 현저히 감소합니다.

소재를 가공할 때 필요한 온도는 에너지 소비와도 직결됩니다. 높은 온도가 필요할수록 더 많은 에너지가 소모되기 때문입니다.

소재	가공 온도(℃)
세라믹(유리)	약 1,200~1,600
세라믹(일반 도자기)	약 1,000~1,300
플라스틱(PET 기준)	약 250~300
철(금속)	약 1,500
알루미늄(금속)	약 660

위 표의 수치만 봐도 알 수 있듯이, 플라스틱은 다른 소재들에 비해 훨씬 낮은 온도에서 가공이 가능합니다.

예를 들어, 금속을 녹여 원하는 형태로 가공하기 위해서는 1,000℃ 이상의 높은 온도가 필요하지만, 플라스틱은 약 250~300℃만으로도 쉽게 가공이 가능합니다. 이는 생산 공정에서 에너지 소모를 크게 줄일 수 있다는 의미입니다. 게다가 플라스틱은 금형(몰드)에 넣고 압력을 가하는 사출 성형 과정을 통해 매우 정밀하게 제품을 만들 수 있습니다. 이 공정은 금속이나 세라믹의 주조 공정보다 훨씬 빠르고 에너지 효율적입니다.

5. 예술의 프로메테우스, 플라스틱

플라스틱은 값싼 비용과 뛰어난 가공성을 통해 '대중문화의 프로메테우스'와 같은 역할을 수행했습니다.

1) 팝아트

"나는 플라스틱을 사랑합니다. 나는 플라스틱처럼 되고 싶어요."

세계적인 팝아트의 선구자 앤디 워홀(Andy Warhol)이 남긴 이 말은 플라스틱이 단순한 소재를 넘어선 하나의 문화적 상징임을 보여줍니다. 워홀에게 플라스틱은 무한한 가능성과 자유로움의 상징이었습니다. 팝아트는 그 자체로 '대중적(popular)'이라는 의미를 담고 있으며, 팝아트는 예술을 박물관과 갤러리에서 끌어내어 대중의 손에 쥐여주었습니다. 그 과정에서 플라스틱은 예술의 대중화를 위한 핵심 소재로 자리 잡았습니다.

플라스틱은 값싸고 가벼우며 자유자재로 변형이 가능했습니다. 이 놀라운 소재는 예술가들의 손에서 그림, 조각, 디자인 등 수많은 형태로 재탄생했습니다. 또한 플라스틱은 반짝임과 투명함, 다양한 색감을 표현할 수 있었고, 이는 워홀의 작품처럼 현대적이고 역동적인 느낌을 표현하기에 더없이 좋은 재료였습니다.

2) 음악

과거 음악은 부유한 사람들만의 전유물이었습니다. 모차르트와 같은 음악가는 귀족의 저택에서 연주회를 열었고, 그곳에서만 그의 음악을 들을 수 있었습니다. 음악은 여유 있는 계층만이 즐길 수 있는 호사였습니다.

그러나 토머스 에디슨(Thomas Edison)이 발명한 축음기(phonograph)가 세상을 바꿔놓았습니다. 초기의 축음기는 주로 왁스 실린더를 사용했습니다. 왁스는 양초를 만드는 물질로 여러분들은 이 초기 축음기가 매우 약하고 보관이 까다로웠을 것을 상상할 수 있을 겁니다. 이 문제를 해결한 것이 플라스틱이었습니다.

플라스틱은 축음기의 저장 수명을 크게 늘리고 내구성을 개선했습니다. 이로 인해 더 많은 사람들이 음악을 오랫동안, 더 깨끗한 음질로 들을 수 있게 되었습니다. 이후 플라스틱은 비닐 레코드(LP판), 카세트테이프, CD 등의 음악 저장 매체로 사용되었고, 이 덕분에 음악은 더 많은 사람들에게 전달될 수 있었습니다. 과거 귀족의 전유물이었던 음악은 플라스틱이라는 소재를 통해 모든 계층이 즐길 수 있는 대중문화로 자리 잡은 것입니다.

3) 영화

영화 역시 플라스틱 없이는 불가능한 예술입니다. 오늘날의 영화 산업을 가능하게 한 핵심 소재는 바로 셀룰로이드(celluloid)입니다.

19세기 말, 사람들은 빛의 강도에 따라 다른 이미지를 만들어낼 수 있는 화학 물질을 셀룰로이드 필름 위에 입히는 기술을 개발했습니다. 이 기술은 움직이는 이미지를 기록하고 재생하는 필름 기술(film technology)로 이어졌고, 영화라는 새로운 예술이 탄생했습니다.

흥미로운 점은, 우리가 지금 영화를 영어로 'Film'이라고 부르는 이유도 바로 이 셀룰로이드 필름(celluloid film)에서 유래했다는 것입니다. 필름은 셀룰로이드라는 플라스틱 물질 위에 빛과 화학 반응을 통해 이미지를 기록하는 얇은 막을 의미합니다. 즉, 오늘날 'Film'이라는 단어는 플라스틱 필름에서 시작되었고, 영화의 본질적인 기록 매체를 상징하게 되었습니다.

셀룰로이드 필름은 가볍고 유연하면서도 빛을 통과시킬 수 있는 특성을 가지고 있어 영화 촬영과 상영에 매우 적합했습니다. 이전에는 움직이는 이미지를 기록하는 것이 기술적으로 어려웠지만, 셀룰로이드는 이를 가능하게 했습니다.

할리우드 영화의 황금기 또한 셀룰로이드 필름 덕분에 가능했습니다. 1920~50년대 할리우드는 셀룰로이드 필름을 통해 장편 영화를 대량으로 제작하며 세계 영화 산업의 중심지로 떠올랐습니다. 지금 우리가 보는 스크린 속의 화려한 장면들은 셀룰로이드 필름을 통해 기록된 시간의 예술입니다. 만약 플라스틱이 없었다면, 우리는 오늘날처럼 영화관에서 대형 스크린으로 영화를 감상하는 경험을 할 수 없었을 것입니다.

플라스틱 필름 덕분에 영화는 예술의 경계를 넘어 대중의 오락으로 자리 잡았고, 전 세계 사람들에게 감동과 즐거움을 전달할 수 있게 되었습니다. 한 장의 셀룰로이드 필름은 단순한 소재가 아니라, 시대를 기록하고 이야기를 전달하는 시간의 캔버스가 된 것입니다.

4) 패션

플라스틱은 패션 산업에도 혁명을 일으켰습니다. 과거 액세서리나 장신구는 주로 금, 은, 진주, 상아, 가죽 등 값비싼 천연 재료로 만들어졌습니다. 하지만 플라스틱의 등장은 아름다움을 특권층만이 아닌 모든 사람에게 제공했습니다. 플라스틱은 값싸고 가볍고 다루기 쉬웠기 때문에 귀걸이, 목걸이, 팔찌 등 다양한 액세서리를 저렴하게 대량으로 생산할 수 있었습니다. 덕분에 사람들은 더 자유롭게 자신을 표현할 수 있게 되었고, 패션이 대중화되었습니다.

플라스틱은 또 한 번 혁신을 일으켰습니다. 플라스틱을 녹여서 가늘게 뽑아낸 합성 섬유(나일론, 폴리에스터, 아크릴)는 대량 생산이 가능하고 가격이 저렴했습니다. 대표적인 합성 섬유에는 나일론, 폴리에스터, 아크릴 등이 있습니다.

- **나일론(Nylon)**: 1930년대 개발된 나일론은 실크를 대체할 수 있는 최초의 합성 섬유였습니다. 가볍고 튼튼하며 탄력이 뛰어나 스타킹, 방수 의류, 낙하산 등 다양한 용도로 사용되었습니다.
- **폴리에스터(Polyester)**: 주름이 잘 가지 않고 세탁이 쉬우며 내구성이 강해서 일상복, 스포츠웨어, 심지어 산업용 섬유로 널리 사용되었습니다.
- **아크릴(Acrylic)**: 양모를 대체할 수 있는 섬유로, 가볍고 보온성이 뛰어나 겨울철 스웨터나 담요 등에 사용되었습니다.

설빔은 설날에 새 옷을 입는다는 것을 일컫는 말입니다. 또, 동요 "새 신을 신고 뛰어보자 팔짝!"처럼, 새로운 옷과 신발은 매우 특별한 의미를 가졌습니다. 이건 대한민국의 아저씨 세대가 "나 때는 말이야"하는 이야기에 제한되지 않습니다. 전 세계적으로도 2000년대 초와 비교했을 때, 현재 사람들은 약 60% 더 많은 옷을 소비하고 있습니다. 플라스틱 섬유는 패스트 패션(spa 패션)의 핵심 요소입니다.

하지만 패스트 패션이 남긴 그림자도 무시할 수 없습니다. 전 세계적으로 매년 약 1,000억 벌의 옷이 생산되며, 이 중 약 73%는 매립되거나 소각됩니다. 또한 면 티셔츠 한 장을 만드는 데 필요한 물의 양은 무려 2,700L에 달하며, 청바지 한 벌을 만드는 과정에서 배출되는 탄소는 약 33kg입니다.[5] 또한, 옷을 세탁할 때 나오는 미세플라스틱은 전 세계 해양 오염의 주범 중 하나로 꼽힙니다.

5 Ellen MacArthur Foundation, A new textiles economy: Redesigning fashion's future (2017).

5) 건축

플라스틱은 인테리어 디자인에서도 큰 변화를 가져왔습니다. 유리로 만들어진 샹들리에 대신 플라스틱으로 만든 샹들리에는 훨씬 가볍고 다양한 디자인을 가능하게 했습니다. 플라스틱은 유리처럼 반짝이면서도 깨지지 않는 특성을 가지고 있습니다. 또한 벽지, 액자, 조명기구 등 다양한 실내 장식품도 플라스틱으로 만들어져 더 저렴하고 실용적으로 공급될 수 있었습니다.

영화 속의 플라스틱

졸업(The Graduate, 1967)

1967년에 나온 고전 영화인 〈졸업The Graduate〉에서는 주인공 벤(더스틴 호프먼)이 졸업을 앞두고 어른들에게서 "앞으로 유망한 분야가 있다"라는 말을 듣습니다. 바로 플라스틱 산업입니다.

어른들은 벤에게 "플라스틱이 미래다"라며 진로나 투자 대상으로 적극 권유합니다. 요즘으로 치면, 마치 "인공지능(AI)이 최고다"라고 말하는 것과 비슷한 느낌이었죠. 영화 속 이 장면은 1960년대 미국 사회에서 플라스틱이 '새로운 시대를 이끌 물질'로 여겨졌음을 잘 보여줍니다.

물론 이 장면이 주인공 벤의 인생 고민을 해결해주진 않습니다. 오히려 "플라스틱"이라는 단어가, 돈과 물질적 풍요만 강조하는 기성세대를 풍자적으로 비추는 장치로 쓰입니다. 하지만 이 짧은 대사를 통해, 당시 사람들에게 플라스틱이 얼마나 유망한 미래 산업으로 비춰졌는지 엿볼 수 있습니다.

세비지 그레이스(Savage Grace, 2007)

플라스틱의 역사와 관련된 또 다른 영화는 〈세비지 그레이스Savage Grace〉입니다. 이 영화는 세계 최초의 합성수지인 베이클라이트(Bakelite)를 발명한 레오 베이클랜드의 후손의 이야기를 다룹니다. 베이클라이트는 오늘날 우리가 사용하는 다양한 플라스틱의 시초가 되었으며, 그 발명으로 베이클랜드 가문은 엄청난 부를 축적하게 되었습니다. 영화는 베이클랜드 가문의 후손들이 물질만능주의에 찌들어 도덕적으로 타락해 가는 과정을 비판적으로 그려내는 데 초점을 맞추고 있습니다. 자세한 스토리는 청소년관람 불가라 이어가지 않겠습니다.

2장

플라스틱이 뭐길래?

우리가 몰랐던 플라스틱의 정체

1. 플라스틱은 고분자다

고분자는 우리 주변에서 가장 흔하게 볼 수 있는 물질 중 하나입니다. 플라스틱, 고무, 섬유, 단백질, DNA 등 우리가 매일 접하는 다양한 소재가 고분자로 이루어져 있습니다. 하지만 고분자가 무엇인지 정확히 설명하라고 하면 많은 사람들이 막연하게만 알고 있을 것입니다.

1) 고분자의 어원

고분자라는 단어를 살펴보면, '고(高)'는 크다, '분자(分子)'는 물질을 구성하는 가장 작은 단위를 뜻합니다. 즉, 고분자는 크기가 큰 분자라는 의미를 가지고 있습니다. 사실, '고분자'라는 단어는 영어에서 온 개념을 번역한 것입니다.

서양에서 처음 고분자를 연구할 때, 과학자들은 이를 '매크로몰레큘(macromolecule)', 즉 '거대(macro) 분자(molecule)'라고 불렀습니다. 그러나 동양에서는 '거대'라는 표현보다는 '높다'라는 뜻을 포함한 '고(高)'라는 한자를 사용하여 '고분자'라고 번역한 것입니다.

고분자의 크기를 이해하려면 일반적인 분자의 크기와 비교해보는 것이 좋습니다. 우리 주변의 가장 흔한 물질인 물(H_2O) 분자는 원자 세 개(H 원자 두 개, O 원자 한 개)가 연결된 것으로 무게는 약 18g/mol입니다. 또 알코올(C_2H_5OH) 분자는 원자 9 개가 연결된 것으로 무게는 약 62g/mol입니다. 고분자는 일반적으로 이들보다 1000배 이상 큰 분자를 의미합니다. 분자의 크기가 크다는 것은, 분자를 구성하는 원자의 크기가 크다는 것이 아니라 아주 많은 원자가 하나의 덩어리로 연결되어 있다는 뜻입니다.

오늘날 과학계에서는 macromolecule이라는 단어보다는 폴리머(polymer)라는 용어를 더 많이 사용합니다. 폴리머는 국제 표준어로, 그리스어에서 유래한 단어입니다.

- **폴리(Poly)**: '많다' 또는 '반복되는'이라는 뜻
- **머(Mer)**: 단위(유닛)를 의미

즉, 폴리머는 작은 분자가 반복적으로 연결되어 만들어진 물질을 의미합니다.

'고분자'라는 단어는 단순히 분자가 크다는 것에 초점을 맞춘다면, '폴리머'는 반복되는 구조가 있는 물질이라는 개념을 강조합니다. 따라서 크기뿐만 아니라 규칙적으로 반복되는 구조를 가진다는 점이 중요합니다.

고분자가 가지는 대표적인 성질 중 하나는 점탄성(viscoelasticity)입니다. 점탄성이란 고분자가 적당히 말랑말랑하면서도 탄성을 가지고 있다는 뜻입니다. 이 점탄성 덕분에 고분자는 금속이나 세라믹(도자기) 같은 단단한 소재들과는 다르게 유연성(쉽게 구부러짐)과 탄력성(본래 모양과 크기로 돌아감)을 가

지고 있습니다. 예를 들어, 금속은 단단하지만 쉽게 구부러지지 않고, 도자기는 깨지기 쉽습니다. 반면, 고분자로 이루어진 물질들은 본래 크기나 길이에 비해 크게 늘어나도, 적절한 강성을 유지하면서도 잘 찢어지거나 깨지지 않습니다. 이러한 특성을 흔히 '질기다'라고 표현하며, 가죽은 이를 잘 보여주는 대표적인 고분자 소재입니다.

2) 천연 고분자와 합성 고분자

고분자는 생명이 존재하기 전부터 지구에 존재해 왔으며, 생명체의 몸을 구성하는 기본적인 재료 중 하나입니다. 우리 몸의 피부, 머리카락, 손톱, 근육 등도 모두 고분자로 이루어져 있습니다. 또한, 식물의 줄기나 나무, 동물의 힘줄과 같은 자연 속 구조물도 고분자로 형성됩니다.

자연에서 발견되는 고분자의 예는 다음과 같습니다.

- **단백질**: 피부, 근육, 머리카락을 이루는 물질
- **DNA**: 생명체의 유전 정보를 저장하는 분자
- **전분**: 감자, 쌀, 옥수수 등에 포함된 에너지원
- **셀룰로스**: 식물의 줄기와 잎을 단단하게 만드는 물질

인공적으로 만든 고분자(합성 고분자)의 예는 다음과 같습니다.

- **플라스틱**(PE, PET): 병, 포장재, 용기 등에 사용
- **합성고무**: 자동차 타이어, 고무장갑, 운동화 밑창
- **나일론**: 옷, 로프, 낙하산 등의 섬유

(구체적인 화학적 구조와 용도에 따라 구분하긴 했지만, 이들은 모두 인공적으로 합성한 고분자 재료라는 큰 범주에 속합니다.)

3) 고분자의 제법

고분자는 어떻게 만들어질까요? 고분자는 아주 작은 분자들이 하나씩 연결되면서 점점 커지는 방식으로 만들어집니다. 작은 분자들이 반복적으로 연결되어 만들어진 거대한 분자라고 할 수 있습니다. 이 과정을 이해하기 쉽게 설명하면, 구슬을 하나씩 꿰어 긴 목걸이를 만드는 것과 비슷합니다. 처음에는 작은 구슬 하나가 있지만, 계속해서 구슬을 추가하면 점점 길어지면서 하나의 긴 목걸이가 완성됩니다. 고분자도 마찬가지로 작은 분자들이 하나씩 차례대로 연결되면서 긴 사슬 구조를 형성합니다.

고분자는 8비트 게임인 스네이크 게임처럼 성장합니다. 고분자가 만들어지는 과정은 우리가 잘 아는 스네이크 게임과 비슷합니다. 스네이크 게임에서 처음 뱀은 아주 짧은 상태로 시작합니다. 하지만 게임을 진행하면서 먹이를 먹을 때마다 몸이 하나씩 늘어나죠. 먹이를 많이 먹을수록 뱀의 몸길이는 길어지고, 결국 긴 뱀이 됩니다. 고분자도 이와 같은 방식으로 성장합니다. 작은 분자(단량체, monomer)가 하나씩 추가될 때마다 점점 더 길어지는

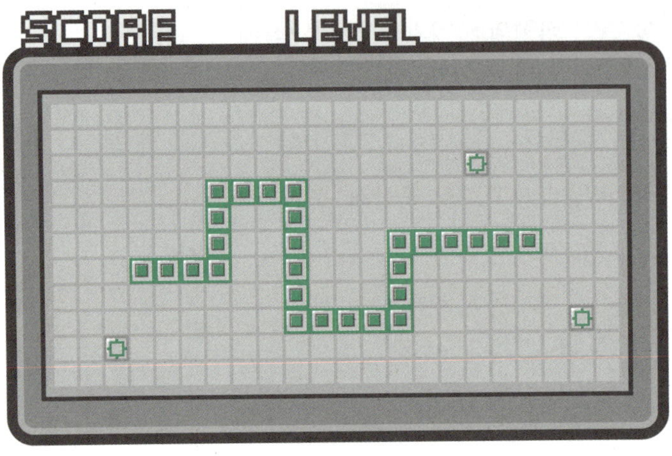

[뱀 게임]

것이죠. 단량체들이 차례대로 이어져 길고 강한 분자 사슬이 형성됩니다.

스네이크 게임에서 뱀이 끊어지지 않도록 조심해야 하듯, 고분자 합성 과정에서도 연결이 원활하게 이루어져야 합니다. 만약 연결이 중간에 끊기면 길게 성장하지 못하고 작은 조각으로 남게 됩니다. 따라서 고분자 합성에서는 끊김 없이 작은 분자들이 계속 이어질 수 있도록 적절한 조건을 맞춰 주는 것이 중요합니다.

고분자가 작은 분자들을 이어서 만들어진다는 사실은 자연에서도, 인간이 만든 합성 고분자에서도 똑같이 적용됩니다. 예를 들어 우리 몸을 이루는 단백질을 생각해 봅시다. 단백질도 작은 조각들이 하나씩 연결되면서 만들어집니다. 이 작은 조각을 아미노산이라고 부르는데, 아미노산이 하나 하나 이어지면서 긴 사슬이 형성되고, 이 사슬이 꼬이고 접히면서 우리가 아는 단백질이 됩니다. 다시 말해, 단백질은 아미노산이라는 블록을 연결해서 만든 고분자라고 할 수 있습니다.

이와 비슷한 원리로 식물은 전분이라는 고분자를 만듭니다. 우리가 좋아하는 밥, 감자, 옥수수 같은 음식에는 전분이 들어 있는데, 전분도 작은 당(포도당)들이 연결된 고분자입니다. 식물은 광합성을 통해 당을 만들고, 이 당들을 이어 붙여 전분을 만들면서 에너지를 저장합니다. 즉, 자연도 작은 분자를 하나씩 이어서 커다란 고분자를 만드는 '마스터 빌더' 역할을 하고 있는 셈입니다.

그렇다면, 인간이 만든 플라스틱 같은 합성 고분자는 어떻게 만들어질까요? 자연이 아미노산을 연결해 단백질을 만들고, 식물이 당을 연결해 전분을 만드는 것처럼, 과학자들은 석유에서 얻은 작은 분자들을 이어 붙여 플라스틱을 만듭니다. 우리가 사용하는 페트병, 비닐봉지, 합성섬유 같은 것들은 모두 이런 방식으로 만들어집니다.

예를 들어, 폴리에틸렌(PE)이라는 플라스틱은 에틸렌(C_2H_4)이라는 작은 분자를 계속 이어 붙여서 만듭니다. 이 과정이 반복되면서 점점 더 긴 사슬이 만들어지고, 이 사슬이 우리가 알고 있는 비닐봉지나 플라스틱 용기의 재료가 되는 것이죠.

2. 현대의 대표적인 플라스틱: 열가소성과 열경화성

합성 고분자인 플라스틱에 대해서 알아봅니다. 현대 사회에서 사용되는 플라스틱은 크게 열가소성 수지(thermoplastic)와 열경화성 수지(thermoset)라는 두 가지 범주로 나눌 수 있습니다. 이 두 종류의 플라스틱은 열에 대한 반응이 서로 다르며, 그 성질과 용도도 매우 다르게 나타납니다. 마치 굽기 전의 반죽과 다 구워진 빵처럼, 열가소성 수지는 반복적으로 녹였다 굳힐 수 있는 특성을 가지고 있지만, 열경화성 수지는 한 번 굳으면 다시는 원래의 상태로 돌아갈 수 없습니다.

열가소성 수지와 열경화성 수지의 차이점을 요약하면 다음 표와 같습니다.

특성	열가소성 수지(Thermoplastic)	열경화성 수지(Thermoset)
열에 대한 반응	열을 가하면 녹고, 식으면 다시 굳음	열을 가해 굳어지면 다시 녹지 않음
가공 가능성	반복적으로 가공 가능	재가공 불가능
내열성	상대적으로 낮음	매우 높음
주요 활용 분야	음료수 병, 비닐, 포장재	전자기기 기판, 냄비 손잡이, 테이블 표면, 전기 스위치
재활용성	이론적으로 재활용 가능	이론적으로도 재활용 어려움

1) 열가소성 수지: 변신의 귀재

열가소성 수지는 그 이름에서 알 수 있듯이 '열(thermo)'과 '가소성(plastic)'이라는 단어가 결합된 용어입니다. 여기서 Plastic이라는 단어는 단순히 우리가 아는 플라스틱 소재를 의미하는 것뿐만 아니라, '모양을 바꿀 수 있는'이라는 원래의 의미를 담고 있습니다. 이 어원은 그리스어 Plastikos(πλαστικός)에서 유래한 것으로, '형태를 만들 수 있는'이라는 뜻입니다. 성형 수술을 영어로 plastic surgery라고 부르는 이유도 같은 어원에서 비롯되었습니다. 얼굴이나 신체의 형태를 원하는 모양으로 바꿀 수 있다는 의미가 담겨 있기 때문입니다.

열가소성 수지는 열을 가하면 부드럽게 녹아 다양한 형태로 성형할 수 있고, 식히면 단단하게 굳는 특성을 가지고 있습니다. 가장 큰 장점은 이러한 과정을 반복할 수 있다는 것입니다. 뒤에 설명드릴 PET, HDPE, LDPE, PP, PS, PVC 등이 모두 열가소성 수지에 속합니다. 열가소성 수지는 마치 배우가 다양한 역할을 소화해내듯 열을 가할 때마다 원하는 형태로 변신할 수 있는 특징을 가지고 있습니다. 이러한 특성 덕분에 오늘날 플라스틱은 일상생활의 거의 모든 부분에 스며들어 있습니다. 사실 좁은 의미에서 플라

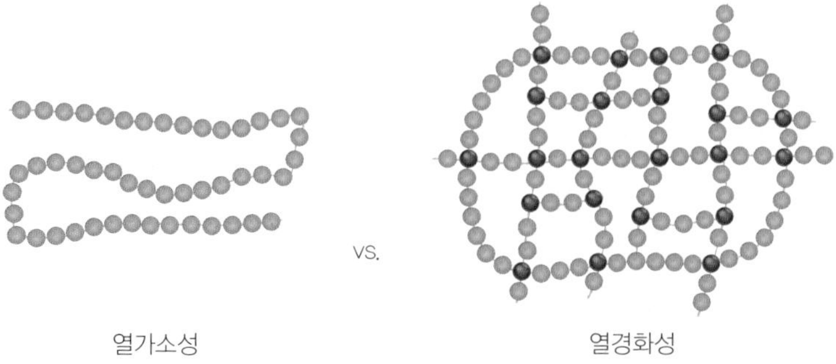

[열가소성 수지와 열경화성 수지의 비교]

스틱은 어원 그대로 열가소성 수지만을 말하는 것이고, 넓은 의미에서 열경화성 수지를 포함합니다.

앞서 고분자를 실과 같이 긴 분자로 설명했습니다. 열가소성 수지의 분자 구조는 엉키지 않은 실타래와 비슷합니다. 실타래가 느슨하게 엉켜 있어 실을 잡아당기면 비교적 쉽게 풀릴 수 있는 상태입니다. 새롭게 다른 모양으로 만들 수 있기 때문에 이론적으로 재활용이 가능합니다. 물론, 뒤에서 말씀드리겠지만 다양한 외부적 요인들 때문에 열가소성 수지도 재활용이 어렵습니다.

2) 열경화성 수지: 한번 굳으면 영원히

열가소성 수지가 부드러운 엿가락처럼 열을 가하면 녹았다가 식으면 다시 굳는 특성을 가지고 있다면, 열경화성 수지(Thermoset)는 한 번 굳으면 다시는 녹지 않는 특성을 가지고 있습니다.

여기서 주목할 점은 'Set'이라는 단어입니다. 영어 단어 'Set'은 '고정하다', '설정하다'라는 의미를 가지고 있습니다. 이 이름은 열경화성 수지의 본질을 정확하게 설명해 줍니다. 열경화성 수지는 열을 가해 처음에 원하는 형태로 성형된 후, 화학적 결합이 완전히 고정됩니다. 이 화학적 '고정(Set)'은 되돌릴 수 없는 상태를 의미합니다. 마치 한 번 구워진 빵이나 도자기가 다시 반죽으로 돌아갈 수 없는 것처럼, 열경화성 수지는 한 번 고정된 형태를 영원히 유지합니다. 이러한 특성 때문에 열경화성 수지는 재가공이 불가능하지만, 대신 뛰어난 내열성, 내구성, 절연성을 가지고 있습니다.

열경화성 수지는 마치 단단하게 엉켜버린 실타래와 같습니다. 실이 한 번 엉키면 더 이상 풀리지 않고 꽉 뭉쳐진 채로 굳어버린 상태입니다. 연날리기나 바느질을 할 때 등 실이 엉켜버리면 아무리 힘을 줘도 풀리지 않는 것을 경험한 적이 있을 겁니다. 열경화성 수지는 분자들이 3차원 망상 구조(three-dimensional network structure)를 하고 있습니다. 즉, 3차원적으로 분자 실타래들이 엉켜 있는 그물과 같은 상태입니다. 열이 아무리 가해져도 이 분자 구조는 더 이상 움직이지 않고 단단하게 유지됩니다. 열에 다시 녹여서 재활용 어렵기 때문에 외적 요인과 상관없이 재활용이 어렵습니다.

3) 열경화성 수지의 대표적인 종류와 활용

i) 페놀 수지(Phenolic Resin)

- **전자기기 기판:** 전자기기 안을 열어보면 초록색/노란색의 기판이 보입니다. 이것이 바로 기판(PCB, Printed Circuit Board)입니다. 이것은 페놀 수지 혹은 에폭시 수지로 만들어져 전기적 절연성을 유지하면서도 높은 내열성을 자랑합니다.
- **냄비 손잡이:** 뜨거운 열을 견디기 위해 냄비 손잡이는 페놀 수지로 만들어집니다.
- 앞서 말한 베이클레이트도 여기에 속합니다.

ii) 에폭시 수지(Epoxy Resin)

- **접착제:** 매우 강력한 접착력을 가지고 있어 다양한 산업용 접착제로 사용됩니다.
- **코팅제:** 내구성이 높고 화학 물질에 강해 금속이나 목재의 보호용 코팅제로 사용됩니다.
- **스포츠 장비:** 서핑보드, 스키, 스노보드 등의 스포츠 장비에도 사용됩니다.
- **반도체 패키징:** 반도체 칩은 아주 작고 얇아서 외부 충격이나 습기에 약합니다. 에폭시 수지는 칩을 다른 부품에 단단히 접착하고, 동시에

얇은 보호막처럼 감싸 주어 안정성을 높입니다. 쉽게 말해, 에폭시는 반도체 칩을 안전하게 '포장'해 주는 역할을 하며, 이를 반도체 패키징이라 부릅니다

iii) 멜라민 수지(Melamine Resin)

- **식기류**: 멜라민 식기는 내열성과 내충격성이 뛰어나 주방에서 널리 사용됩니다.
- **테이블 표면재**: 멜라민 수지는 흠집에 강하고 청소가 쉬워 테이블 상판으로 많이 사용됩니다.
- **전기 스위치와 소켓**: 높은 내열성과 절연성을 필요로 하는 전기 스위치와 소켓에도 사용됩니다.

vi) 유레아 수지(Urea Resin, 요소 수지)

- **짜장면 그릇**: 일회용 식기류나 냉면 그릇 등으로 널리 사용됩니다.

v) 실리콘 수지(Silicone Resin)

- **방열재**: 고온을 견딜 수 있어 항공 우주 산업에서 방열 재료로 사용됩니다.
- **주방용품**: 내열성이 좋고 유연하며 독성이 낮아 집게, 조리도구의 손잡이, 베이킹 매트 등 주방용품에 널리 활용됩니다.
- **성형 보형물**: 인체에 무해하고 말랑말랑한 탄성을 유지할 수 있어, 코나 가슴 등에 사용하는 성형 보형물 재료로도 쓰입니다. 쉽게 말해, 몸 안에 들어가도 안전하면서, 자연스러운 촉감을 주기 때문에 의료용으로 널리 이용됩니다.

3. 플라스틱 분류, 7가지 재활용 마크의 의미

플라스틱의 다양한 종류와 성질을 이해하는 것은 마치 지도를 읽는 것과 같습니다. 지도를 알아야 길을 잃지 않고 목적지까지 안전하게 갈 수 있듯이, 플라스틱에 대한 올바른 지식은 폐플라스틱 문제라는 어려운 과제를 해결하는 데 중요한 길잡이가 되어줄 것입니다. 특히, 열가소성 수지와 열경화성 수지의 차이점을 이해하는 것은 플라스틱 재활용의 효율성을 높이는 데 매우 중요합니다. 재활용 과정에서 이 두 종류의 플라스틱을 분리하는 것이 핵심이기 때문입니다.

01 PET	02 HDPE	03 PVC	04 LDPE	05 PP	06 PS	07 OTHER
Poly(ethylene terephthalate)	High-density Polyethylene	Poly(vinyl chloride)	Low-density Polyethylene	Poly-propylene	Polystyrene	기타
물병, 음료병, 과일 포장 용기,	샴푸통, 비닐봉지	청소용품, 시트, 신용카드	빵봉투, 필름	요거트 용기, 빨대, 옷걸이	음식 포장 용기, 장난감	리모컨(ABS), 합성 섬유(나일론 등), CD

플라스틱마다 다른 성질과 용도가 있기 때문에, 미국 플라스틱산업협회(SPI)는 1988년 플라스틱을 1에서 7까지 숫자로 구분하는 '레진 식별 코드(Resin Identification Code, RIC)'를 도입했습니다. 현재는 ASTM D7611 표준에 따라 관리되고 있으며, 이를 통해 재활용 과정에서 플라스틱의 종류를 구분합니다. 플라스틱의 용기나 포장지에 적힌 표지를 보면 세모 모양의 화살표 도형 안에 숫자가 적혀있는 것을 볼 수 있습니다. 플라스틱을 눈으로 구별할 수 없는 수준으로 확대해서 들어가면 분자 수준의 고분자 물질로 이루어져 있고,

이 고분자라는 중합체는 더 작은 분자(단량체, monomer)들이 마치 레고 블록처럼 연결되어 있습니다. 이 단량체의 종류와 연결 방식에 따라 플라스틱의 성질이 달라지며, 따라서 다양한 종류의 플라스틱이 존재하게 됩니다. 협회는 플라스틱의 종류를 7가지로 분류하고 있으며, 이는 전 세계적으로 통용되는 기준입니다. 이제 이 7가지 플라스틱 종류를 하나씩 살펴보겠습니다.

이 분류는 주로 플라스틱 제품의 재활용과 관리를 목적으로 만들어졌습니다. 만약 A와 B 두 종류의 플라스틱이 혼합되어 재활용하면 결과물의 플라스틱은 A와 B 어느 하나보다도 못한 쉽게 깨지는 의미 없는 제품이 만들어집니다. 플라스틱 제품에 표시되는 재활용 기호(순환 구조의 세모 모양)로 확인할 수 있습니다. 마트에서 물건을 구매하거나 배달음식을 시킬 때 사용되는 플라스틱(열가소성)의 양과 휴대폰이나 냄비 손잡에 들어가는 플라스틱(열경화성)의 양을 짐작해보면 열가소성 플라스틱이 압도적으로 많다는 것을 쉽게 짐작할 수 있을 것입니다. 7번 기타 이외에 1번부터 6번까지는 사람들이 가장 많이 접하는 열가소성 수지의 단일 종류로 구성되어 있습니다. 7번은 others(그외) 항목으로 상대적으로 사용 비중이 너무 적어 따로 분류하기 어려운 다양한 종류의 플라스틱입니다. 열경화성 플라스틱과 생산량이 적은 일부 열가소성 수지를 포함하고 있습니다. 이제, 각 번호가 어떤 플라스틱을 의미하는지 자세히 알아보겠습니다.

1번 PET(폴리에틸렌 테레프탈레이트): 투명하고 가벼우며 강도가 높아 음료수 병, 생수 병, 식품 용기 등에 널리 사용됩니다. 비교적 재활용이 용이한 플라스틱으로, 분리배출 시에는 내용물을 깨끗이 비우고 라벨을 제거하는 것이 중요합니다. 특히 투명 페트병은 고품질 재활용 원료로 활용될 수 있어, 다른 플라스틱과 분리하여 배출하는 것이 권장됩니다.

2번 HDPE(고밀도 폴리에틸렌): 밀도가 높아 단단하고 불투명한 성질을 가지고 있습니다. 비타민통, 약통, 우유통, 세제 용기, 샴푸 용기, 플라스틱 병뚜껑 등에 주로 사용됩니다. 내화학성이 뛰어나 화학 물질을 담는 용기로도 적합합니다. 4번 LDPE와 화학식이 같은 물질로 이란성 쌍둥이(?) 정도로 생각하시면 됩니다. HD(High-Density)는 높은 밀도라는 뜻이고 PE 중 밀도가 높은 친구입니다.

3번 PVC(폴리염화비닐): 유연성과 내구성이 뛰어나 다양한 용도로 사용됩니다. 파이프, 전선 피복, 바닥재, 인조 가죽 등에 사용되며, 특히 건축 자재로 많이 활용됩니다. 하지만 가소제 등 첨가제가 많이 사용되고 재활용이 어려운 편이라 환경적인 문제점을 가지고 있습니다.

4번 LDPE(저밀도 폴리에틸렌): 밀도가 낮아 유연하고 부드러운 성질을 가지고 있습니다. 비닐봉투, 포장 필름, 랩 등에 주로 사용됩니다. 비교적 재활용이 용이하지만, 이물질이 묻어 있을 경우 재활용이 어려워지므로 깨끗하게 분리배출하는 것이 중요합니다. LD(Low-Density)는 낮은 밀도라는 뜻이고 PE 중 밀도가 낮은 소재입니다.

5번 PP(폴리프로필렌): 내열성이 뛰어나고 가벼우며, 충격에 강한 성질을 가지고 있습니다. 식품 용기, 전자레인지 용기, 자동차 부품, 섬유 등에 사용됩니다. 비교적 안전한 플라스틱으로 알려져 있으며, 재활용도 활발하게 이루어지고 있습니다.

6번 PS(폴리스타이렌): 가볍고 단열성이 뛰어난 소재로, 이 소재를 발포

가공한 스티로폼이 많이 알려져 있습니다. 일회용 컵, 포장재, 단열재 등에 사용됩니다. 재활용이 가능하지만 부피가 크고 이물질이 쉽게 묻어 재활용률이 낮은 편입니다.

7번 OTHER(기타): 1~6의 플라스틱을 제외한 생산량이 상대적으로 적은 모든 종류의 플라스틱이 여기 포함됩니다. 모든 열경화성 수지는 여기 포함되며, 열가소성 수지 중에서는 안경과 선글라스의 소재인 PC(폴리카보네이트)나 낙하산과 스타킹의 소재인 nylon(나일론) 등이 여기에 포함됩니다. 1번에서 6번에 속하는 플라스틱 두 가지 이상이 혼합된 복합 재질 제품들도 여기에 포함됩니다. 예를 들어, 플라스틱 장난감이나, 화장품병, 식품 포장지, CD 케이스 등이 있습니다. 여러 재질이 섞여 있어 재활용이 매우 어려운 경우가 많습니다.

서로 다른 종류의 플라스틱을 섞어서 재활용할 경우, 재활용된 플라스틱의 품질이 저하될 수 있기 때문에 플라스틱을 종류별로 분류하는 것은 효율적인 재활용을 위해 필수적인 과정입니다. 마치 여러 색깔의 물감을 섞으면 탁한 색이 되는 것처럼, 플라스틱도 종류가 섞이면 원래의 좋은 성질을 잃어버리게 됩니다. 이러한 문제를 해결하기 위해, 플라스틱 종류별 분리배출 기준에 맞게 시범 아파트를 지정해서 테스트 운영을 해보는 것도 필요해 보입니다. 한국인들은 지혜롭고 현명해서 금방 플라스틱의 분류 선별에 대한 이해도가 높아질 수 있다고 기대해 봅니다. 마치 새 학년 초에 새로운 교과서를 배우듯, 처음에는 다소 낯설 수 있지만, 꾸준한 교육과 홍보를 통해 플라스틱 분리배출 문화가 우리 사회에 자연스럽게 정착될 수 있을 것입니다.

헷갈리는 플라스틱의 안정성

뜨거운 물에 플라스틱 수저를 넣으면 환경호르몬 나올까 화들짝 놀라면서, 아이들이 슬라임(액체 괴물) 만지는 건 아무렇지 않게 생각하기도 합니다. 또 어떤 플라스틱은 전자레인지에 돌리지 않는데, 어떤 플라스틱 용기는 전자레인지에 돌려도 괜찮다고 합니다. 이처럼 플라스틱의 안정성은 알면 알수록 헷갈리는 게 사실입니다. 일상생활에서 흔히 할 수 있는 플라스틱에 대한 오해를 살펴보고, 똑똑하게 플라스틱을 사용하는 방법을 확인해봅시다.

1) 환경호르몬

플라스틱 하면 으레 따라붙는 단어가 '환경호르몬'입니다. 특히 PC(폴리카보네이트)와 PS(폴리스타이렌)는 환경호르몬 논란의 중심에 서 있는 플라스틱입니다.

- PC(7번, OTHER): 투명하고 단단해서 물통, 젖병 등에 사용되던 플라스틱입니다. 비스페놀 A라는 환경호르몬이 나올 수 있다는 우려 때문에 최근에는 사용이 줄어들고 있습니다. 비스페놀 A는 영수증 잉크 소재로 사용되기도 하니, 영수증 뒷면에 BPA free 표시가 인쇄되어 있는지 확인할 필요가 있습니다.
- PS(6번): 일회용 컵, 포장 용기 등에 많이 사용됩니다. 스티로폼이라고도 불리죠. 고온에서 스타이렌이라는 물질이 나올 수 있다는 지적이 있습니다.

2) 말랑이와 슬라임

아이들이 좋아하는 말랑이와 슬라임은 주로 PVA(폴리비닐 알코올), 붕사(붕산 소듐), 기타 화학첨가제로 만들어집니다. 점성을 조절하기 위해서 가소제가 들어가기도 합니다. 특히, 프탈레이트라는 가소제는 환경호르몬 물질이므로 주의해야 할 성분 중 하나입니다. 하지만 모든 슬라임이 유해한 것은 아니며, 안전 기준을 준수한 제품도 있으니 제품의 성분 표시를 꼼꼼히 확인하는 것이 중요합니다. 슬라임의 경우, 유해성 논란과 관련된 소송 사례가 있으므로, 특정 제품을 직접적으로 비난하는 것은 피하는 것이 좋습니다. 대신, "일부 슬라임 제품에서 유해 물질이 검출된 사례가 있으니 주의해야 한다"는 식으로 접근해야 합니다.

3) 안심해도 되는 플라스틱은?

다행히 우리 주변에는 비교적 안전하게 사용할 수 있는 플라스틱도 많습니다.

- PE(HDPE-2번, LDPE-4번): 폴리에틸렌은 비닐봉투, 우유병, 장난감 등에 사용됩니다. 비교적 안전한 플라스틱으로 알려져 있습니다.

- PP(5번): 폴리프로필렌은 전자레인지 용기, 밀폐 용기, 젖병 등에 사용됩니다. 내열성이 뛰어나 전자레인지에 사용해도 비교적 안전합니다. 배달 음식 용기에도 많이 사용됩니다.

과도한 걱정은 No! 똑똑한 사용이 중요!

플라스틱에 대한 과도한 걱정보다는 올바른 사용법을 익히는 것이 중요합니다.

- 전자레인지 사용 가능 표시가 있는 PP 용기 외에는 전자레인지에 넣지 마세요.
- 뜨거운 음식을 플라스틱 용기에 담는 것을 가급적 피하세요.
- 일회용 플라스틱 사용을 줄이고, 재활용에 적극적으로 참여하세요.

플라스틱의 종류와 특징을 알고, 올바르게 사용한다면 플라스틱으로 인한 걱정을 줄일 수 있습니다. 다음 표를 참고하여 지혜롭게 플라스틱을 사용할 수 있기를 바랍니다.

플라스틱 번호	플라스틱 종류	특징 및 용도	주의 사항
1	PET	생수병, 음료수 병 등	• 재활용 용이 • 비교적 안전
2	HDPE	우유병, 세제 용기 등	• 비교적 안전
3	PVC	랩, 인조 가죽 등	• 가소제 (프탈레이트) 함유 가능성, 고온 주의
4	LDPE	비닐봉투, 필름 등	• 비교적 안전
5	PP	전자레인지 용기, 밀폐 용기 등	• 내열성 우수, 전자레인지 사용 가능 (표시 확인) • 비교적 안전
6	PS	일회용 컵, 스티로폼 등	• 고온에서 스티렌 방출 가능성
7	OTHER (PC 등)	정수기 물통, 젖병 (PC), 기타 복합 재질	• 비스페놀 A 방출 가능성 (PC), 재활용 어려움 • 주의를 요함

4. 대표적인 플라스틱의 발명 이야기

1) HDPE와 PP

고밀도 폴리에틸렌(HDP)과 저밀도 폴리에틸렌(LDPE)은 그 이름에서 보듯이 폴리에틸렌(PE)의 이란성 쌍둥이로 화학식이 같습니다. 전자는 분자의 길이가 더 길고 분자들끼리 잘 포개어 있습니다. 반면, 후자는 분자의 길이가 짧고 분자들끼리 상대적으로 잘 포개지지 않습니다. 예를 들면 전자는 긴 이불이 잘 개어 있어 장롱에 밀도 높게 보관할 수 있는 상태이고, 후자는 짧은 이불 혹은 베개들이 잘 포개지 않아 밀도가 낮은 상태입니다.

LDPE가 먼저 발명되었고, HDPE는 과학자들이 실수로 우연히 발견한 물질입니다. 카를 지글러(Karl Waldemar Ziegler, 1898년 독일 출생 화학자)는 독일의 막스 플랑크 연구소(Max Planck Institute)[1]에서 트라이에틸 알루미늄(triethyl aluminum)과 에틸렌이라는 물질을 가열해 새로운 화합물을 만들려는 실험을 하고 있었습니다. 하지만 실험 장치에 이전 실험에서 사용했던 촉매(니켈)가 조금 남아 있었던 것을 미처 몰랐습니다. 이 '청소 불량'으로 인해 예상치 못한 결과물인 고밀도 폴리에틸렌(HDPE)이 발명되었습니다.

그는 이를 계기로 트라이에틸 알루미늄과 사염화 타이타늄(titanium(IV) chloride)을 조합한 새로운 촉매의 개발에 성공합니다. 이 촉매는 HDPE의 합성을 가능하게 했습니다. 기존의 LDPE는 밀도가 낮고 부드러워 비닐봉투 등의 용도에 제한되어 사용되었습니다. 지글러의 촉매로 만든 HDPE는 밀도가 높아 단단하고 강성이 높았습니다. 이 기술 덕분에 플라스틱을 더 효율

1 1948년 설립 이후 현재까지 총 23명의 노벨상 과학상 수상자를 배출했다. 전신인 카이저빌헬름 연구소 수상자를 포함하면 총 수상자는 38명으로, 단일기관으로는 세계 최다 노벨상 수상자를 배출한 '노벨상 사관학교'이다.

[1963 노벨 화학상을 수상한 카를 지글러와 줄리오 나타]

적이고 경제적으로 대량 생산할 수 있게 되었고, 이는 플라스틱 산업의 큰 혁명을 불러일으켰습니다.

지글러의 업적은 이탈리아의 화학자 줄리오 나타(Giulio Natta)와 함께 큰 주목을 받았습니다. 나타는 지글러의 촉매를 활용해 폴리프로필렌(PP)을 최초로 개발했습니다. 두 사람은 고분자 화학에 대한 공로를 인정받아 1963년 노벨 화학상을 공동 수상하였습니다.

2) 나일론

앞서 잠깐 언급한 나일론 이야기도 빼놓을 수 없습니다. 1940년, '실크보다 질기고 면보다 가벼우며 신축성이 뛰어난' 나일론 스타킹이 미국 전역의 백화점에서 판매되기 시작했습니다. 나일론 스타킹은 기존 실크 스타킹보다 2배나 비싼 가격에 판매됐지만 출시 후 나흘 동안 400만 켤레가 팔렸다고 하니 새로운 플라스틱의 파급효과가 엄청났다고 할 수 있습니다.[2]

나일론을 발명한 사람은 미국의 화학자 월라스 흄 캐러더스(Wallace

2 https://www.smithsonianmag.com/smithsonian-institution/how-nylon-stockings-changed-world-180955219/?utm

Hume Carothers)입니다. 캐러더스는 화학 연구에 큰 열정을 가지고 있었고, 특히 고분자라는 물질에 관심이 많았습니다. 고분자는 아주 작은 분자들이 길게 연결된 물질인데, 당시에는 이런 물질을 연구하는 사람이 많지 않았습니다. 캐러더스는 미국의 유명 화학 회사인 듀폰(DuPont)에서 일하면서 새로운 섬유를 개발하려고 했습니다. 당시 사람들은 튼튼하고 저렴하면서도 쉽게 대량 생산할 수 있는 섬유를 원했기 때문입니다.

나일론의 탄생은 한 가지 흥미로운 실험에서 시작되었습니다. 캐러더스와 그의 동료들은 새로운 고분자를 만들어보려는 실험을 하던 중, 실수로 만들어진 물질을 실처럼 길게 늘릴 수 있다는 사실을 발견했습니다. 이 실험에서 얻은 아이디어를 발전시키기 위해 여러 번의 시행착오를 거쳤고, 마침내 나일론이 탄생하였습니다.

나일론은 강철보다 강하고 거미줄보다 얇은 성질을 가지고 있었습니다. 이 혁신적인 소재는 처음에 칫솔 같은 생활용품에 사용되었지만, 곧 여

[나일론을 발명한 월라스 캐러더스와 당시 듀폰에서 게재한 광고 (출처: clotho98/flickr)]

성용 스타킹, 낙하산, 밧줄, 그리고 2차 세계대전 당시 군수품에까지 활용되었습니다. 특히 전쟁에서 나일론은 낙하산 천으로 쓰이며 연합군에게 큰 도움이 되었습니다. 전쟁이 끝난 후, 나일론은 점점 더 다양한 용도로 사용되기 시작했습니다. 오늘날에는 옷, 가방, 텐트, 낚싯줄, 스포츠 용품 등 우리 생활 곳곳에서 나일론 제품을 찾아볼 수 있습니다. 그러나 최초의 인조섬유 나일론을 개발한 캐러더스 박사는 이미 3년 전에 필라델피아의 한 호텔에서 의문의 자살을 하고 말아 이러한 성공을 볼 수 없었습니다. 유력한 노벨상 수상자가 분명한데도 말이죠. 노벨상 수상은 생존하고 있는 연구자에게만 수여됩니다.

3장

플라스틱은 왜 악당이 되었을까?

남용과 오해로 시작된 환경 오염 이야기

플라스틱이 환경 오염원으로 꼽히는 이유는 다양하며, 그로 인한 환경적 결과도 매우 심각합니다. 이 장에서는 플라스틱이 환경 오염을 시키는 고유의 특성과 그로 인한 환경 오염에 대해서 알아봅니다.

1. 분해되지 않는 플라스틱의 저주

1) 분해란?

플라스틱은 분해가 되지 않습니다. 완전한 분해(degradation)는 기본적으로 산화 반응이며, 생분해와 열분해(소각) 등이 있습니다. 많은 사람들이 혼동하는 사실을 먼저 짚고 넘어가겠습니다. 분해는 유기물이 이산화탄소가 되어 기체로 사라지는 것을 말하는 것으로, 큰 입자가 작은 미세플라스틱으로 되는 현상은 분해라고 하지 않고 붕괴라고 합니다.

엄밀하게 말하자면, 플라스틱은 열분해가 되지만 생분해가 되지 않습니다. 생분해란 자연에서 생물 탄소 화합물(유기물)을 분해하여 에너지를 얻는 과정을 말합니다. 인간을 포함한 생물은 탄소 화합물(탄수화물, 지방, 단백질)을 연소시켜 에너지를 얻고 이를 통해 생활합니다. 예를 들어, 바닥에 버려진 다양한 탄소 화합물은 특히 미생물에 의해 생분해됩니다. 유기물이란 탄소(C)를 주 성분으로 하고, 이들이 수소(H), 산소(O), 질소(N) 등과 결합하여 만들어진 물질을 말합니다. 자연을 구성하는 고분자 물질과 합성고분자인 플라스틱 역시 탄소 화합물에 속합니다.

열분해의 예로, 캠핑장에서 나무를 연소시켜 바비큐를 즐기거나 난방을 하는 경우를 생각해 봅시다. 나무를 구성하는 고분자인 셀룰로스와 리그닌 같은 탄소 화합물이 산소와 급격하게 만나 에너지를 방출합니다. 이 과정을 연소(소각)라고 하며, 탄소는 공기 중의 산소와 결합하여 이산화탄소(CO_2)를 생성합니다. 이산화탄소는 산소 원자 두 개가 탄소 원자 하나와 결합한 물질입니다.

급격한 산화 과정인 연소는 생물이 몸속에서 사용할 수 없을 만큼 높은 열(에너지)을 발생시킵니다. 그래서 생물은 소화라는 느린 산화 과정을 통해 적당한 양의 열과 에너지를 조금씩 뽑아내어 사용합니다. '지방을 태운다'는 다이어트 표현도 이 원리에서 비롯되었습니다.

인간을 포함한 고등 생물은 내장 주머니 속에 음식을 담아 다양한 효소로 녹여서 흡수하고 이를 분해하여 에너지원으로 삼습니다. 반면, 미생물은 크기가 0.5μm에서 0.5mm 정도로 매우 작아 주머니에 담기 어렵습니다. 대신, 미생물은 자기보다 큰 탄소 화합물 주변에 소화 효소를 뿌려 고분자를 잘라서 작게 만들고, 작아진 물질을 흡수하여 섭취합니다. 이 과정을 현상적으로 부패라고 하고, 이것이 곧 생분해입니다. 음식물이 썩는 과정과 같으며, 미생물이 에너지를 얻고 증식하기 위한 수단입니다.

미생물은 지구 표면의 청소부 역할을 하며, 동물과 식물의 시체나 분변과 같은 다양한 탄소 화합물을 느리게 분해하면서 이산화탄소 기체로 바꿉니다. 인간은 제한된 탄소 화합물만을 음식으로 이용하지만, 미생물은 결론적으로 플라스틱을 제외한 거의 대부분의 탄소 화합물(비누, 샴푸, 과일, 곡식)을 분해할 수 있습니다. 이 원리를 활용해 하수처리장에서는 오염된 물을 정화합니다.

BOD(생물학적 산소 요구량)

환경에서 물이 얼마나 오염되었는지를 측정하는 중요한 수치 중 하나가 BOD(Biochemical Oxygen Demand, 생물학적 산소 요구량)입니다. BOD는 미생물이 유기물을 분해하는 데 소비하는 산소의 양을 의미합니다. 물속에 유기물이 많을수록, 미생물은 이를 분해하기 위해 더 많은 산소를 사용합니다. 즉, BOD 수치가 높다는 것은 물속에 오염물질(유기물)이 많이 포함되어 있다는 것을 의미합니다.

우리 생활에서 흔히 하는 행동들도 BOD를 증가시키는 원인이 될 수 있습니다. 예를 들어, 음식물 찌꺼기를 하수도로 흘려 보내거나, 비누나 샴푸 같은 유기물이 포함된 화학 물질을 많이 사용하는 경우 이러한 물질이 강이나 바다로 흘러가면 미생물들이 이를 분해하면서 산소를 소비하게 됩니다. 만약 BOD 수치가 너무 높아지면, 물속의 용존 산소(DO, dissolved oxygen)가 급격히 줄어들어 물고기와 같은 수중 생물들이 숨 쉴 산소가 부족해질 수 있습니다. 결국, BOD가 너무 높아지면 생태계에 악영향을 미칠 수 있습니다.

그렇다면 플라스틱이나 중금속으로 오염된 물은 BOD가 높을까요? 정답은 '아니오'입니다. BOD는 미생물이 분해할 수 있는 유기물의 양을 측정하는 수치이므로, 미생물이 분해할 수 없는 물질(예: 플라스틱, 중금속)은 BOD 값에 반영되지 않습니다. 예를 들어, 물속에 많은 플라스틱 조각이 떠다니고 있거나 중금속이 포함되어 있다고 해도, 미생물은 이를 분해할 수 없기 때문에 BOD 수치는 높아지지 않습니다. 즉, BOD가 낮다고 해서 반드시 물이 깨끗한 것은 아니라는 것이죠.

2) 플라스틱, 왜 분해되지 않을까?

플라스틱은 왜 자연에서 잘 분해되지 않을까요? 이 질문은 우리가 플라스틱 쓰레기를 다룰 때마다 마주치는 궁금증 중 하나입니다. 자연에 있는 나뭇잎, 음식물, 심지어 종이도 시간이 지나면 썩는데, 플라스틱은 수십 년, 수백 년이 지나도 멀쩡한 경우가 많기 때문입니다. 이 비밀을 풀기 위해선 미생물과 진화, 그리고 물질의 성질에 대한 이야기를 잠깐 해야 합니다.

미생물은 거의 모든 유기물을 분해할 수 있다고 합니다. 실제로도 그렇습니다. 지구상에 존재하는 대부분의 유기물은 미생물에 의해 분해될 수 있습니다. 로션, 샴푸 같은 현대의 화학 제품도 예외는 아닙니다. 놀랍게도, 이들은 석유에서 유래한 물질로, 지구 역사상 처음 만들어진 인공 화합물이지만 미생물은 이를 분해할 수 있습니다.

그 이유는 간단합니다. 부드럽기 때문입니다. 로션, 샴푸는 화학적으로는 복잡하지만 구조상 느슨하고 액체 상태이기 때문에 미생물이 분비하는 효소가 접근하고 작용하기에 비교적 쉬운 편입니다. 비록 처음 보는 낯선 물질일지라도, 물렁하고 잘 녹는 구조 덕분에 미생물은 어렵지 않게 분해해 낼 수 있는 것이죠.

반대로, 셀룰로스는 어떨까요? 이건 식물의 세포벽을 이루는 물질로, 나무나 풀, 종이 속에 풍부하게 들어 있습니다. 상당히 단단한 구조를 가지고 있어서 단순한 효소로는 잘 분해되지 않습니다. 하지만 지금은 잘 썩습니다. 이유는? 미생물이 이미 오랜 시간에 걸쳐 이 화합물에 적응해 왔기 때문입니다.

지구에 나무가 처음 등장한 시점은 고생대, 정확히는 약 4억 년 전쯤입니다. 당시 미생물은 셀룰로스를 분해할 줄 몰랐습니다. 나무가 아무리 쌓여도 썩지 않았고, 그 결과 지금 우리가 쓰는 석탄이 만들어졌습니다. 하지만 미생물도 가만히 있지 않았습니다. 약 1억 년에 걸쳐 나무를 분해할 수 있는 효소들을 진화시켰고, 마침내 썩는 나무의 시대가 시작된 것이죠.

이제 플라스틱 이야기로 돌아옵시다. 플라스틱은 셀룰로스처럼 단단한 고분자 구조를 가지고 있습니다. 거기에 지구상에 처음 등장한 지 채 100년도 되지 않았습니다. 미생물 입장에서는 플라스틱은 '처음 보는 이방인'일 뿐 아니라, '질기고 딱딱해서 건드릴 수도 없는 상대'입니다.

미생물은 새로운 물질을 분해하기 위해 효소를 진화시켜야 합니다. 하지만 진화는 하루아침에 일어나는 일이 아닙니다. 수만 년, 수백만 년의 시간이 필요합니다. 플라스틱은 그 시간을 기다릴 여유를 주지 않았고, 그 사이에 우리 인간은 이미 80억 명이 넘는 인구를 위한 생활용품으로 플라스틱을 도배해버렸습니다.

플라스틱이 생분해되지 않는 이유는 결국 두 가지에 있습니다.

1. 너무 단단해서 미생물 효소가 침투하기 어렵고
2. 너무 새로워서, 미생물이 효소를 만들 시간조차 없었다는 것

이 중 하나만 해당돼도 분해가 어려운데, 플라스틱은 둘 다에 해당되니 지금까지 썩지 않고 지구 곳곳을 떠돌고 있는 것입니다.

3) 플라스틱, 언젠가는 썩을까?

물론 플라스틱도 언젠가는 썩을 수도 있습니다. 수백만 년 후, 미생물이 플라스틱 분해 효소를 진화시켜서 말이죠. 마치 옛날 미생물이 나무를 분해하기 위해 수백만 년을 기다린 것처럼 말입니다. 하지만 그날을 기다릴 여유가 부족합니다. 그래서 과학자들은 지금 이 순간에도 플라스틱을 좀 더 쉽게 분해할 수 있는 방법을 찾기 위해 미생물을 발굴하고, 효소를

디자인하고, 새로운 대체물질을 만들고 있습니다.

그렇습니다. 미생물은 위대하지만, 진화는 느립니다. 우리는 기다릴 수 없습니다. 해결은 지금, 우리 손으로 만들어야 합니다.

소는 왜 신이 되었는가?

여러 문화권에서 소를 숭배하는 전통이 발견됩니다. 힌두교에서 소는 신성한 동물로 여겨집니다. 주요 신인 크리슈나와 연결되어 부와 번영의 상징이 됩니다. 마카르 산크란티 축제에서는 소를 장식하고 숭배합니다. 고대 이집트에서는 아피스 소가 태양신 라와 풍요의 신 오시리스의 화신으로 숭배되었고, 특별한 의식을 통해 신전에서 숭배되었습니다. 메소포타미아에서는 수메르인과 바빌로니아인들이 소를 풍요와 힘의 상징으로 숭배했습니다. 신전의 벽화와 조각품에서 소는 신성한 존재로 묘사되었으며, 주로 풍요의 여신 인안나와 관련이 있었습니다. 그리스 신화에서도 소는 중요한 상징으로, 헤라클레스의 12가지 과업 중 하나로 등장하며, 제우스는 소나 황소의 형태로 변신하기도 했습니다. 중국 문화에서는 황소자리가 부와 안정의 상징으로 여겨지며, 소는 전통 농업에서 중요한 역할을 했습니다.

소를 숭배하는 이유는 주로 그 문화적, 종교적, 사회적 맥락에 따라 다양하게 나타나지만, 경제적이고 실용적인 이유가 작용했을 가능성이 있습니다. 생물을 이루는 탄소 화합물을 바이오매스라고 합니다. 바이오(생물)를 이루는 매스(덩어리)로 이해할 수 있습니다. 그 중 인간이 소화할 수 있는 것을 식용 바이오매스라고 하고, 소화할 수 없는 것을 비식용 바이오매스라고 합니다. 나무나 잡초와 같이 셀룰로스/리그닌이 풍부한 물질이 이에 해당합니다. 식량이 부족했던 고대인들, 특히 농사가 힘든 초원지대의 사람들에게 소는 소실되어서는 안 되는 자원이었습니다. 비식용 바이오매스를 먹고, 식용 바이오매스인 우유를 제공하며, 노동까지 해주는 소는 매우 귀중한 존재였던 것입니다.

소의 특수한 위에는 셀룰로스를 분해할 수 있는 미생물들이 풍부합니다. 이러한 미생물들은 소가 풀이나 잡초 같은 비식용 바이오매스를 소화하여 영양분으로 전환할 수 있도록 돕습니다. 소의 위가 비식용 바이오매스를 유용한 물질로 전환하는 바이오 공장이라는 점에 영감을 받아 많은 연구자들이 비식용 바이오매스를 전환해서 식품, 플라스틱, 연료 등으로 전환하려는 연구를 활발히 진행하고 있습니다. 비식용 바이오매스에는 풀, 볏짚, 해조류, 식물성 플랑크톤 등이 포함됩니다.

휴지로 술 만들기?

우리는 앞서 고분 자가 작은 구슬 같은 단위를 줄줄이 엮어 만든 '목걸이' 같은 물질이라는 사실을 살펴보았습니다. 특히 그 구슬이 포도당일 경우, 어떻게 연결하느냐에 따라 전혀 다른 물질이 된다는 건 정말 흥미로운 일이 아닐 수 없습니다.
예를 들어, 여러분이 잘 아는 전분(starch)은 바로 이 포도당 구슬을 느슨하게 엮은 구조입니다. 다이어트를 방해하는 주범으로 알려져 있지만, 사실은 인류 문명을 지탱해온 중요한 에너지원이기도 합니다. 쌀, 보리, 감자, 옥수수 같은 곡물 속에 풍부하게 들어있으며, 전통적으로 술을 빚을 때도 바로 이 전분을 이용합니다.
막걸리나 소주를 만드는 방법을 소개하면 이렇습니다. 먼저 곡물 속의 전분이 효소에 의해 분해되어 포도당이 됩니다. 그 후 누룩 속 미생물이 포도당을 발효시켜 알코올로 바꾸는 것이죠.
여기서 한 가지 흥미로운 생각을 해볼 수 있습니다. 전분과 같은 포도당으로 만들어졌지만, 전혀 다른 운명을 가진 고분자가 있습니다. 바로 셀룰로스(cellulose)입니다. 전분이 우리가 먹을 수 있는 에너지원이라면, 셀룰로스는 나무, 풀, 종이, 심지어 면 티셔츠에 이르기까지 자연을 단단하게 지탱하는 구조체입니다. 같은 포도당으로 만들었는데 소화가 되지 않다니, 자연은 정말로 '같은 재료, 다른 마법'을부리는 장인입니다.
그렇다면, 이 셀룰로스를 다시 포도당으로 분해시킬 수 있다면, 휴지를 술로 만들 수 있지 않을까요? 셀룰로스는 우리 인간의 위장으로는 도저히 소화할 수 없지만, 소의 위장에 사는 특정 미생물들은 이를 분해할 수 있는 특별한 효소를 가지고 있습니다. 이 효소를 이용하면 휴지, 종이, 면 티셔츠 같은 셀룰로스 기반 물질을 포도당으로 바꾸는 것이 가능해집니다.

[전분과 셀룰로스의 구조를 나타내는 모식도]

그리고 그 포도당을 다시 효모(yeast)가 발효시켜 알코올로 만들 수 있죠. 이론상, 우리는 휴지를 막걸리로 만들 수 있는 셈입니다. 믿기 어렵다고요? 세계적인 과학 유튜버 NileRed는 실제로 이 실험을 진행했습니다. 휴지를 물에 불린 뒤, 소의 내장에서 추출한 미생물 또는 셀룰로스 분해 효소를 이용해 포도당을 얻고, 이를 발효시켜 진짜로 술을 만드는 과정을 영상으로 보여주었죠. (물론 마시는 건 권장되지 않습니다. 실험일 뿐이니까요.)

2. 해양 플라스틱의 대이동

플라스틱 폐기물이 환경에 악영향을 주는 두 번째 이유는 밀도가 낮아 무게 대비 부피가 크기 때문입니다. 2장에서는 플라스틱의 낮은 밀도가 사용 시 에너지 효율을 높이는 장점이었습니다. 그러나 플라스틱이 폐기될 때는 이 장점이 아이러니하게 재활용을 방해합니다.

플라스틱은 우리 인류가 만들어내는 인공 소재 중에서 가장 부피가 큽니다. 매년 4억 5천만 톤의 플라스틱이 생산되며, 밀도로 환산하면 약 3,200억 리터의 부피를 차지합니다. 이는 한국 최대 인공호수인 소양호의 약 11배, 미국 레이크 타호의 약 2배에 해당하는 엄청난 양입니다. 반면 철은 매년 약 10억 톤 이상 생산되지만, 밀도가 플라스틱보다 7~8배 높아 전체 부피는 1,330억 리터 수준에 그칩니다. 이런 낮은 밀도가 플라스틱 재활용을 어떻게 방해하는지 두 가지로 살펴보겠습니다.

1) 비효율적인 운송과 매립

첫째, 플라스틱 폐기물은 부피가 커서 수거, 운송, 매립 시 효율이 떨어지고, 매립지 부족을 가속화합니다. 금속이나 세라믹(도자기, 돌)은 밀도가 높아 화물차로 운송할 때 무게로 인해 제약을 받지만, 상대적으로 가벼운 플라스틱은 운송, 매립, 보관 시 부피로 인해 제약을 받습니다. 여기서 의문이 들 수 있습니다. 금속이나 세라믹 소재에 비해 가볍기 때문에 자동차 연비 효율이 높다고 하지 않았나요?

새 제품과 폐기물의 차이라고 답할 수 있습니다. 새 제품인 경우, 아주 많은 양의 비닐봉투도 빈 공간 없이 포개어 판매되고, 음료병은 내부 내용물로 채워져 있습니다. 반면에 우리가 비닐봉투를 사용하고 버릴 때는 구겨지므로 다른 비닐 폐기물과 완전히 포개지지 않고, 음료병은 내부가 비어 있습니다. 아파트 비닐봉투 폐기물 수집 포대가 꽉 차더라도 그 폐기물 무게는 상당히 적습니다. 이 문제는 확장되어 폐기물을 수거하는 화물차에도 똑같이 적용됩니다. 3,200억 리터의 부피는 단순히 플라스틱을 빈 공간이 없이 꽉 채웠을 때의 부피이며, 정확한 수치를 말하기는 어렵지만 전체 플라스틱 폐기물(비닐봉투, 옷, 음료병)의 부피는 내부 빈 공간 때문에 이보다 몇 배는 클 것입니다. 이렇게 플라스틱의 부피가 커서 발생하는 문제들을 자세히 살펴보겠습니다.

여행이나 출장 등으로 캐리어에 짐을 쌀 때를 상상해 봅시다. 항공기 탑승 전 수화물을 맡길 때 특정 무게와 부피 중 어느 하나도 넘지 않아야 하는 규정이 있습니다. 합성섬유는 대표적인 플라스틱 소재 중 하나로, 패딩은 섬유 사이의 빈 공간이 많아 가볍지만 부피를 크게 차지해 수화물에 많이 담지 못합니다. 힘으로 눌러 담아도 한계가 있습니다.

국토의 면적은 제한적이기 때문에 매립할 수 있는 폐기물의 부피는 유한합니다. 이 점에서 썩지 않는 플라스틱 폐기물 증가는 매립지 포화를 촉진합니다. 미국이나 호주처럼 넓은 땅과 공간이 많은 나라와 달리, 아시아와 유럽의 국가들은 인구 밀도에 비해 사용 가능한 공간이 상대적으로 적습니다. 따라서 매립지는 다른 용도의 토지 사용(특히 농업)과 경쟁하게 됩니다. 이로 인해 플라스틱 폐기물이 충분히 제거되지 않고 토양 표면을 덮고 있을 경우, 식물과 미생물이 산소와의 접촉이 차단되어 정상적으로 자라지 못하게 됩니다. 이는 결과적으로 생태계를 파괴하고 환경에 심각한 영향을 미칠 수 있습니다.

2) 플라스틱 아일랜드와 고스트 피싱(유령어업)

두 번째 환경 문제는 플라스틱 아일랜드입니다. 플라스틱은 물보다 밀도가 낮고, 공기를 포함하고 있어 바다 위에 부유하기 쉽습니다. 1997년, 찰스 무어가 최초로 발견한 북태평양 거대 쓰레기 지대(great pacific garbage patch)는 이 문제를 잘 보여줍니다. 이 지대는 하와이와 캘리포니아 사이의 북태평양 아열대 환류에 위치해 있으며, 면적은 약 1.6백만 평방킬로미터로 텍사스 주의 두 배에 달합니다. 이곳에는 약 1.8조 개의 플라스틱 조각이 있으며, 총 무게는 약 8만 톤에 이릅니다.

해양 생물들은 수면 근처에 많이 존재하기 때문에, 플라스틱 쓰레기는 이들에게 직접적인 영향을 미칩니다. 플라스틱 폐기물은 기계적으로 해양 생물을 해치는 방식으로 환경에 영향을 줍니다. 이를 '고스트 피싱(유령 어업)'이라고 하는데, 이는 버려진 어망 등이 해양 생물을 괴롭히는 현상을 은유적으로 표현한 것입니다. 고스트 피싱의 피해는 여러 사진과 언론 보도를 통해 대중에게 널리 알려졌습니다.

예를 들어, 바다거북은 플라스틱 봉지를 해파리로 착각하고 삼키며, 알바트로스 새끼들은 플라스틱 조각을 먹고 굶주리거나 장기가 파열될 수 있습니다. 유명한 사례로는 플라스틱 고리가 거북이의 허리를 조여 S자 모양

[버려진 어망 등에 의해 해양 생물의 피해가 누적되고 있다. (출처: Josephine Julian/Shutterstock)]

의 등껍질을 가지게 된 경우, 혹은 빨대가 코에 걸린 거북이 등이 있습니다. 조류의 위 속에서 발견된 플라스틱 조각들도 이러한 피해를 보여줍니다. 이러한 물리적인 속박과 상해 외에도, 플라스틱은 해조류의 광합성을 방해하여 해양 생태계 전체에 영향을 미칠 수 있습니다.

이 거대한 쓰레기 지대를 청소하는 것은 매우 어렵습니다. 미세플라스틱은 작은 해양 생물과 크기가 비슷하여 청소망으로 제거하기가 어렵고, 쓰레기 지대가 너무 넓어 청소 작업이 비현실적입니다.

3. 미세플라스틱: 작지만 위험한 입자

세계자연기금(WWF)이 호주의 뉴캐슬 대학과 함께 연구해 발표한 『플라스틱의 인체 섭취 평가 연구 보고서』에 따르면 한 사람이 일주일간 섭취하는 미세플라스틱은 약 2천 개로 집계됐습니다. 이를 무게로 환산하면 신용카드 한 장 무게인 5g에 달합니다. 연구에 따르면, 미세플라스틱은 어느 곳에나 있습니다. 사람의 손길이 적은 깊은 숲 속의 호수나 눈 속, 높은 산의 호수, 빙하의 얼음 속에서도 발견되었습니다. 이것이 가능한 이유는 미세플라스틱이 먼지화되어서 공기중으로 날아 갈 수 있기 때문이라고 추정하고 있습니다. 예를 들어, 한 연구에서는 남극의 신선한 눈에서도 미세플라스틱이 발견되었는데, 이는 남극의 오염 정도를 보여주는 중요한 지표로 작용하고 있습니다.[1] 미세플라스틱은 페트병(PET 병)과 티백에서도 검출될 수 있는 가능성이 제시되고 있습니다. 다양한 식품 혹은 음료 용기도 미세플라스틱의 잠재적인 원천이 될 수 있음을 보여줍니다.

미세플라스틱이란 5mm 이하의 플라스틱으로 정의합니다. 그 발생원에 따라 1차 미세플라스틱과 2차 미세플라스틱으로 나눌 수 있습니다. 1차 미세플라스틱은 처음 플라스틱의 용도 자체가 작은 입자로 한정되어 있을 경우입니다. 가령 화장품 속에 들어가서 세정할 때 연마 마찰력을 높여 피부의 각질 등을 벗겨내는 기능을 하는 것들이 있고, 점도 등을 조절해서 화장품이 피부에 바를 수 있는 적절한 점도를 갖게 하는 기능 등으로 개발되었습니다. 현재는 많은 국가에서 미세플라스틱 환경 오염에 대한 우려로 금지되었습니다. 물론 여전히 몇몇 개발도상국에서 사용이 되고 있습니다만 장기적으로 사라져가는 추세입니다. 2차 미세플라스틱은 플라스틱 폐기물들이 제대로 관리되지 못해서 환경에 노출되고 햇빛과 바람, 파도 등의 여러 가지 스트레스를 통해서 잘게 떨어져 나가 미세플라스틱이 되는 경우를 말합니다. 실제로 가정용 세탁 한 번으로 폴리에스터, 나일론, 아크릴과 같은 합

---

1 https://www.scimex.org/newsfeed/first-microplastics-found-in-antarctic-snow

성 섬유로 만들어진 의류에서 120개에서 최대 73만 개의 미세(섬유)플라스틱이 방출될 수 있습니다.[2] 그러나 현재의 하수 처리 기술로는 많은 미세플라스틱을 완전히 걸러내지 못하고 있으며, 결과적으로 미세플라스틱이 하천과 바다로 유입되어 오염을 유발합니다.

미세플라스틱은 물벼룩이나 미세플랑크톤 같은 작은 수생 생물에게 매우 심각한 영향을 끼칠 수 있습니다. 물벼룩은 주로 물속의 작은 유기물과 플랑크톤을 먹고 사는 생물로, 먹이 사슬의 하위 단계에 속합니다. 물벼룩이 미세플라스틱을 먹이로 착각하고 섭취하면, 소화관 내에 축적되어 소화 장애를 일으키며, 필요한 영양소의 흡수를 방해합니다. 이러한 섭취는 물벼룩의 생존율과 번식률을 감소시켜 개체 수를 줄어들게 하고, 이는 결국 생태계 전체에 영향을 미치게 됩니다. 또한, 날카로운 미세플라스틱 조각은 물벼룩의 내부 장기를 물리적으로 손상시킬 수 있어 생존 자체에도 큰 위협이 됩니다.

미세플랑크톤은 해양 및 담수 생태계의 1차 생산자로서 매우 중요한 역할을 합니다. 미세플라스틱이 미세플랑크톤에 미치는 영향은 다양하며, 그 중 가장 중요한 문제는 광합성 능력의 저하입니다. 미세플라스틱이 미세플랑크톤의 표면을 덮으면 이들은 충분한 빛을 받아들이지 못하게 되어 광합성 능력이 저하됩니다. 이는 산소 생산 감소와 해양의 생산성 감소로 이어질 수 있습니다. 또한, 미세플라스틱은 주변 환경의 유해 화학 물질을 흡착할 수 있으며, 이러한 독성 물질이 미세플랑크톤에 축적되면 생존과 성장을 방해합니다.

과학자들은 아직 인간을 포함한 고등 동물에 미치는 미세플라스틱의

---

2 https://journals.plos.org/plosone/article?id=10.1371/journal.pone.0250346

영향은 미미하다고 보고 있습니다. 미세플라스틱 오염이 어류와 같은 수생 생물에 심각한 영향을 미칠 수 있다고 보고되기도 하였으나, 과학적 검증 과정에서 오류가 발견되었다는 이유로 논문이 철회되었습니다.

대부분의 미세플라스틱은 소화기관을 통해 배출되며, 인체에 장기적으로 축적되지 않는 것으로 보입니다. 따라서 일상적인 해산물 섭취로 인한 직접적인 건강 위험은 상대적으로 낮다고 할 수 있습니다. 해산물을 즐길 때, 특히 어폐류의 경우 소화기관을 제거하면 섭식 시 미세플라스틱 혼입을 최소화할 수 있습니다. 어류의 경우에도 소화기관에 미세플라스틱이 주로 축적되기 때문에 이를 제거하고 섭취하는 것이 미세플라스틱 섭취를 줄이는 효과적인 방법이 될 수 있습니다.

그러나 과학자들이 우려하는 바는 현재 축적된 미세플라스틱이 자연적으로 분해되지 않기 때문에 시간이 지남에 따라 그 양이 계속해서 증가할 것이라는 점입니다. 플라스틱 폐기물이 증가하는 경향을 고려할 때, 미세플라스틱이 환경 내 과도하게 축적되는 것은 불가피합니다. 현재 지구 곳곳에 퍼져 있는 미세플라스틱을 효과적으로 제거하는 방법도 마땅치 않습니다. 과학자들이 경제적 가능성을 고려하지 않고 공상과학 소설에서나 나올 법한 아이디어를 제시하더라도, 매우 작은 크기로 널리 퍼져 있는 미세플라스틱을 걸러내는 것은 현실적으로 어려운 과제입니다. 이는 기존의 물리적, 화학적 정화 방법으로는 처리할 수 없는 문제를 제기하며, 새로운 기술 개발이 절실히 요구됩니다.

결론적으로, 미세플라스틱 오염이 단기적으로는 인간에 미치는 악영향은 제한적일 수 있지만, 장기적으로 심각한 문제로 대두될 수 있습니다. 지속적인 연구와 혁신적인 해결책이 필요하며, 개인과 사회가 함께 노력해야 할 과제입니다.

4. 환경호르몬과 케모포비아

케모포비아(chemophobia)는 화학 물질에 대한 과도한 공포 또는 편견을 의미하는 용어로, 일반적으로 '화학'이라는 단어 자체에 부정적인 반응을 보이는 사회적 현상을 일컫습니다. 특히 식품, 화장품, 생활용품 등에 들어 있는 화학 성분에 대해 '자연적이지 않다', '화학이니까 해롭다'라는 인식을 갖는 경우가 많습니다. 이로 인해, 과학적으로 안전성이 검증된 화학 물질조차 소비자에게 부당하게 회피되거나, 관련 제품이 불신을 받는 일이 비일비재합니다.

호르몬은 열쇠-자물쇠 모델로 우리 몸의 조직과 부위를 활성화시킵니다. 인체에는 수많은 호르몬이 있으며, 각 호르몬은 특수한 모양을 가지고 있습니다. 이 호르몬들은 몸의 특정 부위나 조직에 있는 수용체에 결합하여, 모양이 딱 맞는 열쇠가 자물쇠에 결합하듯 조직을 활성화시킵니다. 내분비계 교란 물질(Endocrine Disrupting Chemicals, EDCs)은 몸 밖에서 유입된 물질(외인성 물질)로, 인체 호르몬의 모양과 닮아 유사체로 작용하여 불필요한 인체 반응을 활성화시켜 문제를 일으킵니다. 즉, 가짜 열쇠가 자물쇠를 열게 되는 것과 같습니다. 내분비계 교란 물질은 주로 유기용제나 플라스틱 가공에 필요한 가소제, 혹은 각종 농약들로 구성되어 있습니다. 사실, 석유화학 기반의 산업은 잠재적으로 내분비계 교란 물질을 발생시킬 위험을 가지고 있습니다. 여러 화학 제품을 개발하기 위해 다양한 화학 물질을 합성하다 보면 인체의 호르몬과 닮은 것들이 발생될 가능성이 높기 때문입니다.

환경호르몬이라는 명칭은 외부에서 들어온 가짜 호르몬이라는 점에서 유래한 것입니다. 1990년대 일본 과학자들이 내분비계 교란 물질을 일본식 표현으로 우리나라에 소개하면서 굳어진 용어입니다. 우리나라와 일본 이외의 나라에서는 통용되지 않는 용어입니다. '환경호르몬'이란 용어는 인간과 환경에 유해한 물질을 마치 환경에 유익한 호르몬과 혼동하게 만들 수 있는 비과학적 용어에 속합니다.

플라스틱과 관련된 몇 가지 내분비계 교란 물질에 대해 살펴봅시다. 비스페놀 A(Bisphenol A, BPA)는 폴리카보네이트(PC)로 만들어지는 병, 용기, 안경, 선글라스, 캔의 내부 벽면 코팅층에서 흔히 발견됩니다. 오늘날 식당 식료품점과 식당에서 흔히 사용되는 영수증 용지에도 BPA가 첨가되어 있습니다. BPA는 잘 알려진 내분비계 교란 물질로, 많은 연구에서 낮은 수치에 노출된 실험 동물이 당뇨병, 유방암, 전립선암, 정자수 감소, 생식 문제, 이른 성숙기, 비만, 신경학적 문제의 정도를 심화시킨다는 것을 밝혀냈습니다. 이러한 이유로 식품 접촉 용기는 PP, PET, PE 등 BPA 비함유 소재로 폭넓게 전환되었습니다.

다만, 일상에서 노출되는 양이 실제로 인체에 얼마나 해로운지에 대해서는 여전히 논쟁 중입니다. 미국 식품의약품안전처(FDA)는 음식물에서 검출되는 BPA의 양이 매우 낮고 체내에서 빠르게 대사·배출되기 때문에, 현재 수준의 노출은 건강상 큰 우려가 되지 않는다는 입장을 유지하고 있습니다. 반면 유럽 식품안전청(EFSA)은 2023년 재평가에서 BPA의 잠재적 영향 가능성을 강조하며, 권고 일일섭취허용량(TDI)을 기존 50 μg/kg bw/day에서 4 μg/kg을 거쳐, 최근에는 0.2 ng/kg bw/day(즉, 0.0002 μg/kg bw/day)로 대폭 낮추었습니다. 이에 따라 EU는 2024년부터 BPA를 사용하는 식품 접촉 재료의 사용을 사실상 전면 금지하는 규정을 도입했습니다.[3] 참고로 한국인

3 https://www.efsa.europa.eu/en/efsajournal/pub/e211015?utm

의 경우, 하루 평균 BPA 노출량은 약 0.022μg/kg으로 보고된 바 있습니다.

스티로폼은 폴리스타이렌(PS)으로 만들어집니다. PS는 투명 플라스틱으로 여러 투명 컵들에 활용됩니다. PS는 스타이렌이라는 물질로부터 만들어지는데, 스타이렌도 일종의 내분비계 교란 물질로 작용할 수 있습니다. WHO 지정 발암물질 2A군에 해당하는 물질로, 일부 역학 연구에서는 림프·혈액계 암 등 특정 암 발생 위험 증가 신호가 보고되었습니다. 이러한 이유로 최근 스티로폼으로 만들어지는 라면 용기가 논란이 되기도 했습니다.

마지막으로 가소제가 있습니다. PVC는 신용카드의 재료로 사용되는 단단한 소재입니다. 이렇게 단단한 소재가 말랑한 비닐랩이 될 수 있는 이유는 PVC를 포함한 단단한 플라스틱에 가소제를 첨가하기 때문입니다. 가소제는 시간이 지남에 따라 플라스틱에서 어느 정도 방출될 수 있는 물질입니다. 가소제는 석유화학물질이기에, 종류를 막론하고 노출되는 것은 인체에 좋은 영향을 주지 않습니다. 이러한 이유로 어린이가 말랑한 플라스틱 장난감을 사용할 때 주의가 요구됩니다. 가소제 중에서 프탈레이트 계열의 몇몇 가소제가 독성을 가지고 있으며, 다이에틸헥실프탈레이트(DEHP), 다이뷰틸프탈레이트(DBP), 벤질뷰틸프탈레이트(BBP)는 많은 국가에서 사용이 금지되었습니다.

프탈레이트류는 남성 호르몬 기능을 저해하는 것으로 알려져 있습니다. 여성에게는 생리불순이나 조기 사춘기 등을 일으킬 수 있습니다. 갑상선 기능 저하증을 일으켜 살이 찌게 하고, 동맥경화와 고지혈증에도 영향을 미치는 것으로 알려져 있습니다. 이러한 독성이 알려지면서, 현재는 프탈레이트 계열 중에서 독성이 무시할 만큼 적거나 미미한 것으로 대체하거나, 프탈레이트 계열이 아닌 가소제를 개발하여 사용하고 있습니다.

환경호르몬이나 내분비계 교란 물질과 관련된 연구는 일부 화학물질의 유해성을 경고하고 있지만, 모든 화학물질이 위험한 것은 아닙니다. 케모포비아는 이러한 맥락과 과학적 데이터 없이 화학물질 = 유해라는 단순화된 이분법적 사고에 기반하고 있어, 정확한 정보와 과학적 근거에 기반한 판단을 방해할 수 있습니다. 예를 들어, BPA나 가소제에 대해 일부 위험성이 보고되었더라도, 그것이 과학적 평가 절차를 거쳐 적정 기준 내에 있을 경우 인체에 실질적인 피해를 주지는 않는다는 것이 다수 기관의 입장입니다.

따라서 우리는 환경호르몬과 같은 문제를 경계하면서도, 무조건적인 화학 물질 혐오가 아닌, 객관적이고 균형 잡힌 과학적 접근이 필요합니다. 케모포비아를 극복하기 위해서는 과학적 소통이 중요하며, 화학에 대한 이해와 신뢰를 회복하는 노력이 요구됩니다.

4장

버려진 플라스틱은 어디로 갈까?

현재의 폐기물 처리 방식과 그 한계

우리는 일상생활에서 다양한 폐기물을 배출하며, 이러한 폐기물을 어떻게 처리하느냐는 환경과 직결된 중요한 문제입니다. 현재 폐기물 처리 방식은 크게 매립, 소각, 재활용으로 나눌 수 있으며 이 장에서는 이들을 비교하면서 논의하고자 합니다.

1. 매립: 공간은 좁고 쓰레기는 많다

매립은 가장 간단한(?) 폐기물 처리 방식입니다. 미국과 같이 땅이 넓은 나라는 고민할 필요가 없을 정도입니다. 우리나라는 상황이 다릅니다. 여러 가지 심각한 문제점을 내포하고 있습니다. 따라서 매립의 문제점을 명확히 인지하고, 다른 처리 방식과의 균형을 고려하는 것이 중요합니다.

1) 매립지 부족 문제

현대 사회의 급증하는 폐기물 발생량은 매립지 부족 문제를 심화시키고 있습니다. 특히 우리나라처럼 국토 면적이 좁은 국가에서는 새로운 매립지 확보가 매우 어렵습니다. 기존 매립지의 용량이 포화 상태에 이르면서, 폐기물 처리 공간 부족 현상이 심각한 사회 문제로 대두되고 있습니다.

최근 수도권 매립지 부족에 대한 대체 방안에 대해 많은 사람들이 고민하고 있습니다. 환경부의 폐기물 통계 자료를 살펴보면, 매립되는 폐기물의 양은 점차 감소하고 있지만 여전히 상당 부분을 차지하고 있으며, 이는 매립지 포화 문제의 심각성을 보여줍니다. 만약 여러분이 살고 있는 집 근처에 매립지를 새로 건설하겠다고 정부에서 발표한다면 어떨까요? NIMBY는 'Not In My Backyard'의 약자로, 공공의 이익에는 부합하지만 자신이 속한 지역에는 이롭지 않은 일을 반대하는 행동을 뜻합니다. 혐오시설의 지역입지를 둘러싼 갈등을 대변하는 표현으로 여겨져 왔습니다. 매립지는 아주 대표적인 혐오시설로 인지되고 있습니다.

2) 토양 및 지하수 오염

매립된 폐기물에서 발생하는 침출수는 토양과 지하수를 심각하게 오염시킬 수 있습니다. 특히, 제대로 관리되지 않은 매립지의 경우, 침출수가 주변 토양으로 유출되어 농작물 생육에 악영향을 미치거나, 지하수를 오염시켜 식수 안전을 위협할 수 있습니다. 침출수에는 중금속, 유기화합물 등 유해 물질이 포함되어 있어, 장기적으로 생태계에 심각한 영향을 미칠 수 있습니다.

3) 메탄가스 발생

매립된 유기성 폐기물은 분해 과정에서 메탄(메테인)가스를 발생시킵니다. 메탄은 관리된 시설에서 회수하면 천연 에너지 자원으로 활용이 가능하지만, 무분별하게 대기 중으로 빠져나갈 경우 이산화탄소보다 훨씬 강력한 온실가스로 작용하여, 지구 온난화의 주요 원인이 됩니다. 또한, 메탄가스는 폭발의 위험성도 가지고 있어, 매립지 안전 관리에도 어려움을 초래합니다.

4) 악취 및 해충 발생

매립지 주변 지역은 악취와 해충 발생으로 인해 주민들의 생활 환경에 심각한 피해를 줄 수 있습니다. 특히 여름철에는 악취가 더욱 심해지며, 파리, 모기 등 해충의 번식으로 인해 위생 문제도 발생할 수 있습니다.

5) 토지 이용의 비효율성

매립지는 장기간 동안 다른 용도로 활용할 수 없기 때문에, 토지 이용의 비효율성을 초래합니다. 특히 도시 근교의 경우, 매립지 조성으로 인해 귀중한 토지가 낭비될 수 있습니다.

6) 매립 후 관리 문제

매립이 종료된 후에도 장기간에 걸쳐 침출수 관리, 지반 안정성 유지 등 지속적인 관리가 필요합니다. 이는 상당한 비용과 노력을 요구하며, 제대로 관리하지 않을 경우 환경 오염 문제가 다시 발생할 수 있습니다.

7) 폐기물 분해의 장기화

특히 플라스틱, 유리 등 난분해성 폐기물의 경우, 수백 년 동안 환경에 잔존하여 환경 문제를 야기합니다. 본래 잘분해되는 물질도 지하에 갇히면 산소가 부족해 미생물들이 활성화되지 못해 자연 분해되는 데 오랜 시간이 걸립니다.

2. 소각: 에너지 회수인가, 온실가스 증가인가?

소각을 통한 연료화는 폐기물 감량과 에너지 회수라는 장점과 함께 대기오염 물질 배출이라는 과제를 안고 있어, 통계 자료를 바탕으로 현황을 분석하고 앞으로의 방향을 모색하는 것이 중요합니다. 소각은 폐기물을 고온에서 태워 부피와 무게를 획기적으로 줄이는 방법입니다. 일반적으로 폐기물 부피는 90% 이상, 무게는 70~80%까지 감소하며, 이는 제한된 매립 공간을 효율적으로 활용하는 데 큰 도움이 됩니다. 특히 한국처럼 국토 면적이 좁고 인구 밀도가 높은 국가에서는 매립지 확보의 어려움을 극복하는 중요한 수단입니다. 환경부의 폐기물 통계 자료에 따르면, 소각은 매립에 비해 처리 속도가 매우 빠르며, 일평균 약 5만 톤에 달하는 한국의 생활폐기물을 신속하게 처리하는 데 중요한 역할을 하고 있습니다. 또한, 소각 시설은 매립지에 비해 필요한 면적이 적어 공간 효율성이 높다는 장점도 가지고 있습니다.

소각의 또 다른 중요한 장점은 에너지 회수입니다. 소각 과정에서 발생하는 열을 회수하여 난방, 발전 등에 활용할 수 있으며, 이는 폐기물을 단순한 쓰레기가 아닌 에너지 자원으로 활용하는 중요한 방법입니다. 한국에너지공단의 신재생에너지 보급통계에 따르면, 폐기물 에너지화 시설에서 생산되는 에너지는 지역난방, 산업 공정열, 발전 등에 활용되고 있으며, 국가 에너지 자립도 향상에도 기여하고 있습니다. 폐기물을 가공하여 만든 고형연료(SRF/RDF)는 저장, 운반, 연소 효율이 높아 소각로의 효율을 높이고 대기오염물질 배출량은 줄이는 효과도 있습니다. 현재 고형연료를 활용한 소각은 대한민국에서 '재활용'으로 분류됩니다. 하지만 이를 재활용으로 볼 것인지에 대한 논란이 있으며, 조사기관이나 조사자에 따라 의견이 다를 수 있습니다.

소각은 대기 오염 물질 배출이라는 심각한 문제를 안고 있습니다. 소각 과정에서 다이옥신, 질소 산화물, 황 산화물 등 대기 오염 물질이 발생하며, 이는 주변 지역의 대기 질에 악영향을 미칠 수 있습니다. 이러한 문제를 해결하기 위해 한국은 대기환경보전법에 따라 엄격한 배출 기준을 적용하고 있으며, 고도의 배출 가스 처리 기술을 의무화하고 있습니다. 하지만 소각 시설 주변 지역의 대기 질에 대한 지속적인 모니터링은 여전히 중요한 과제입니다.

소각 과정에서 다이옥신이나 질소 산화물, 황 산화물은 여과·세정 설비로 크게 줄일 수 있지만, 이산화탄소(CO_2)는 이러한 통상적 '필터'로는 제거되지 않습니다. CO_2를 줄이려면 별도의 탄소 포집·저장(CCS) 같은 전용 공정을 추가해야 합니다. 특히, 플라스틱을 소각하는 것은 탄소 배출 문제를 더욱 심화시킵니다. 플라스틱은 원래 지하에 저장된 석유에서 추출된 탄소로 만들어집니다. 만약 우리가 플라스틱을 소각하지 않고 매립한다면, 이 탄소는 고체 상태로 땅속에 남아 있게 됩니다. 그러나 플라스틱을 태우면 이 탄소가 공기 중의 이산화탄소(CO_2)로 변환되어 지구온난화를 가속화할 수 있습니다. 즉, 소각은 폐기물 부피를 줄이고 에너지를 회수할 수 있지만, 온실가스를 추가로 발생시키는 딜레마를 안고 있습니다.

소각 시설 건설에는 매립지와 마찬가지로 지역주민의 반발을 설득해야 하는 문제는 차치하고서라도, 높은 초기 투자 비용이 필요하며, 유지 보수에도 상당한 비용이 발생합니다. 이는 폐기물 처리 비용 증가의 요인이 될 수 있으며, 경제적인 측면에서 신중한 고려가 필요합니다. 또한, 소각 시설은 고온, 고압의 환경에서 작동하므로 숙련된 운전 기술이 필요하며, 운영 과정에서 발생할 수 있는 안전 문제에도 주의를 기울여야 합니다.

그리고 폐기물을 소각한다고 해서 아무 흔적 없이 사라질까요? 소각

후에는 재(ash)가 남으며, 이 재 역시 매립하거나 다른 용도로 활용해야 합니다. 환경부의 폐기물 재활용 현황 자료에 따르면, 한국은 소각재의 재활용률을 높이기 위한 다양한 연구를 진행하고 있으며, 시멘트 원료 등으로 활용하는 방안을 모색하고 있습니다. 일부 폐기물은 발열량이 낮아 소각을 위해 보조 연료가 필요할 수 있으며, 폐기물의 종류에 따라 소각 효율이 달라질 수 있다는 점도 고려해야 합니다. 특히 염소 성분이 많은 폐기물을 소각할 경우 부식 문제를 야기할 수 있습니다. 수분을 많이 함유한 쓰레기는 연소 효율을 저하시킬 수 있으며, 한국의 경우 음식물 쓰레기 분리 배출 제도를 통해 이러한 문제를 일부 해결하고 있습니다.

결론적으로, 소각에 의한 연료화는 폐기물 처리의 중요한 방법 중 하나이며, 부피 감량, 에너지 회수 등의 장점을 가지고 있습니다. 하지만 대기 오염 물질 배출, 높은 초기 투자 비용 등의 단점도 고려해야 합니다. 따라서 소각 시설의 효율적인 운영과 배출 가스 처리 기술 개발이 중요하며, 폐기물 발생량 감량 및 재활용과 함께 적절한 폐기물 관리 전략을 수립해야 합니다. 한국은 폐기물 문제 해결을 위해 다양한 노력을 기울이고 있으며, 지속적인 기술 개발과 정책 개선을 통해 보다 효율적이고 친환경적인 폐기물 관리 시스템을 구축해 나가야 할 것입니다.

3. 재활용: 생각보다 쉽지 않은 현실

앞서 매립과 소각의 문제점과 현황을 살펴보았습니다. 이제 플라스틱 폐기물 처리의 중요한 축을 이루는 재활용 기술에 대해 기술적 관점을 중심으로 자세히 논의해 보겠습니다. 재활용은 폐기물을 자원으로 되돌려 순환

경제를 구축하는 핵심적인 방법이지만, 기술적인 한계와 경제성 문제 등 여러 과제를 안고 있습니다.

플라스틱 재활용은 크게 기계적 재활용과 화학적 재활용으로 나눌 수 있습니다. 각 방식은 서로 다른 기술적 특징과 장단점을 가지고 있으며, 폐기물의 종류와 상태에 따라 적합한 방식을 선택해야 합니다.

[기계적 재활용 vs. 화학적 재활용]

1) 기계적 재활용

플라스틱 기계적 재활용은 마치 오징어게임의 뽑기 게임을 연상시키는 과정입니다. 드라마 속에서 등장인물들이 뽑기를 만들기 위해 설탕을 열에 녹여 투명한 액체로 만든 뒤 다시 굳혀 새로운 모양을 만들었듯이, 기계적 재활용도 플라스틱을 열에 녹여 다시 새로운 제품의 형태로 만드는 작업이라고 생각하면 됩니다. 플라스틱 폐기물을 물리적인 과정을 통해 재활용하는 방식으로, 분쇄, 세척, 분리, 용융 등의 과정을 거쳐 재생 원료(펠릿, 플레이크 등)로 만들고 이를 열에 녹여 새로운 제품 생산에 활용합니다.

이 방식은 화학적 재활용에 비해 공정이 단순하여 초기 투자 비용과 운영 비용이 저렴하다는 장점을 가지고 있습니다. 또한, 화학적 재활용에 비해 에너지 소비량이 적고 탄소 배출량도 적어 환경적인 부담이 적으며, 이미 널리 상용화되어 비교적 안정적인 기술이라는 점도 중요한 특징입니다.

하지만 기계적 재활용은 재활용을 반복할수록 플라스틱의 물성이 저하되어 품질이 떨어지는 문제가 발생합니다. 따라서 재활용 횟수에 제한이 있으며, 고품질 제품 생산에 한계가 있습니다. 또한, 음식물이나 이물질 등으로 오염된 폐기물은 재활용 과정에서 추가적인 세척 및 분리 과정이 필요하며, 이는 효율성을 저하시킬 수 있습니다. 서로 다른 종류의 플라스틱이 혼합된 경우에도 분리 및 재활용이 어렵기 때문에, 분리수거가 중요하지만, 현실적으로 완벽한 분리가 어렵다는 한계가 존재합니다.

기술적으로는 주로 PET, HDPE, PP 등 비교적 단순한 구조의 플라스틱에 적용 가능하며, 복합 재질 플라스틱이나 PVC 등은 재활용이 어렵다는 제약이 있습니다. 참고로 PVC는 고온에서 유독한 염산 가스를 발생시킬 수 있습니다.

2) 화학적 재활용

화학적 재활용은 플라스틱 폐기물을 화학적인 방법을 통해 분해하여 원료 물질로 되돌리는 방식으로, 열분해, 해중합, 가스화 등의 기술이 사용됩니다. 이 방식은 폐플라스틱을 원료 단위로 분해하기 때문에, 기계적 재활용의 가장 큰 단점인 재활용 횟수에 따른 품질 저하 문제가 발생하지 않는다는 장점을 가지고 있습니다. 또한, 기계적 재활용이 어려운 오염된 폐기물이나 복합 재질 플라스틱도 처리할 수 있으며, PET뿐만 아니라 PP, PE 등 다양한 종류의 플라스틱을 처리할 수 있다는 장점도 있습니다.

하지만 화학적 재활용은 기계적 재활용에 비해 공정이 복잡하고 에너지 소비량이 많아 비용이 높다는 단점을 가지고 있습니다. 화학 반응을 이용하기 때문에 에너지 소비량이 많고 탄소 배출량도 상대적으로 많으며, 고도의 기술이 필요하기 때문에 아직 상용화 단계에 머물러 있는 기술들이 많습니다. 또한, 화학 물질 사용 및 고온 공정으로 인해 환경 오염 가능성이 존재한다는 점도 고려해야 합니다.

한국의 플라스틱 재활용률은 통계 방식에 따라 차이가 있지만, 수거율 기준으로 보면 높은 편입니다. 하지만 실제 재활용되는 비율은 이보다 낮을 것으로 추정됩니다.[1] 주요 국가의 재활용 현황을 살펴보면, 유럽연합(EU)은 플라스틱 재활용 목표를 설정하고, 화학적 재활용 기술 개발에 투자를 확대하고 있습니다. 미국은 매립 비중이 높은 편이지만, 최근 재활용에 대한 관심이 높아지고 있습니다. 최근 화학적 재활용 기술 동향을 살펴보면, 폐플라스틱을 열분해하여 얻은 오일을 석유화학 공정에 투입하여 새로운 플라스틱을 생산하는 기술이 주목받고 있습니다. 또한, 해중합 기술을 통해 폐플라스틱을 원료 단량체로 되돌려 고품질 플라스틱을 생산하는 기술도 개발되고 있습니다.

국내 화학 기업들은 폐플라스틱 문제 해결과 순환 경제 구축을 위해 화학적 재활용 기술 개발 및 상용화에 적극적으로 투자하고 있습니다. 특히, SK지오센트릭, LG화학, 롯데케미칼 등이 이 분야에서 두각을 나타내고 있습니다.

- **SK지오센트릭:** SK지오센트릭은 폐플라스틱 화학적 재활용 사업에 가장 적극적인 행보를 보이고 있습니다. 캐나다의 Loop Industries와 접합 기술 협력 등을 통해 폐PET를 원료로 되돌리는 기술을 확보하고,

1 환경부 폐기물 재활용 현황

퓨어사이클테크놀로지와 폐플라스틱에서 고순도 PP를 추출하는 기술 협력도 진행하고 있습니다. 또한, 울산에는 세계 최초 3대 화학적 재활용 기술(해중합, 고순도 PP 추출, 열분해)을 모두 갖춘 재활용 단지 '울산 ARC'를 조성할 계획이며, 이미 기공식을 개최했습니다. 이 단지는 향후 플라스틱 순환 생태계 구축의 중심지가 될 것으로 기대되고 있습니다.

- **LG화학**: LG화학은 폐플라스틱 열분해유를 활용한 플라스틱 생산 기술 개발에 집중하고 있습니다. 폐플라스틱을 열분해하여 얻은 오일을 석유화학 공정에 투입하여 새로운 플라스틱을 생산하는 방식입니다. 이를 통해 기존 석유 기반 플라스틱 생산 과정에서 발생하는 탄소 배출량을 줄이는 효과를 기대하고 있습니다.
- **롯데케미칼**: 롯데케미칼 역시 폐플라스틱의 화학적 재활용 기술 개발에 힘쓰고 있으며, 특히 PET 해중합 기술 및 열분해 기술 확보에 주력하고 있습니다.

해외 화학 기업들은 이미 오래전부터 화학적 재활용 기술 개발에 투자해 왔으며, 일부 기업은 상용화 단계에 이르렀습니다.

- **BASF**(독일): BASF는 화학적 재활용 기술 개발에 선두적인 역할을 하고 있는 기업 중 하나입니다. 열분해 기술을 활용하여 폐플라스틱에서 얻은 오일을 화학 공정에 투입하여 새로운 플라스틱을 생산하는 '켐사이클링(ChemCycling)' 프로젝트를 추진하고 있습니다.
- **SABIC**(사우디아라비아): SABIC은 폐플라스틱을 원료로 고품질 플라스틱을 생산하는 기술 개발에 집중하고 있습니다. 특히, 폐플라스틱을 화학적으로 분해하여 얻은 원료를 활용하여 식품 포장재 등 고부가가

치 제품을 생산하는 데 성공했습니다.

- **ExxonMobil**(미국): ExxonMobil은 첨단 해중합 기술을 통해 폐플라스틱을 원료 단량체로 되돌려 새로운 플라스틱을 생산하는 기술을 개발하고 있습니다.

이처럼 국내외 주요 화학 기업들은 플라스틱 화학적 재활용 기술 개발 및 상용화에 적극적으로 나서고 있으며, 이는 플라스틱 순환 경제 구축에 중요한 역할을 할 것으로 기대됩니다. 하지만, 화학적 재활용은 여전히 높은 비용, 에너지 소비, 환경 오염 가능성 등의 과제를 안고 있습니다. 따라서, 기술 개발을 통해 이러한 문제점을 해결하고, 경제성과 환경성을 동시에 확보하는 것이 중요합니다. 또한, 화학적 재활용뿐만 아니라 기계적 재활용의 효율성을 높이는 연구, 플라스틱 사용량 감축, 재사용 문화 확산 등 다각적인 노력이 함께 이루어져야 진정한 플라스틱 순환 경제를 구축할 수 있을 것입니다.

3) 플라스틱 재활용의 어려움: 플라스틱의 늪에서 벗어나지 못하는 이유

플라스틱 폐기물 문제는 시간을 멈추거나 되돌릴 수 없는 현재진행형 과제입니다. 플라스틱은 우리 생활에 많은 편리함을 주었지만, 동시에 심각한 환경 문제를 초래하고 있습니다.

그 중에서도 특히 문제인 것은 재활용률이 매우 낮다는 사실입니다. 전 세계적으로 플라스틱 폐기물의 재활용률은 약 10%에 불과합니다. 우리가 열심히 분리수거를 하고 있음에도 불구하고, 실제로 재활용되는 양은 생각보다 훨씬 적은 것이 현실입니다.

이런 재활용의 어려움은 우리가 바라는 이상과 실제 사이에 큰 간극이 존재한다는 사실을 보여주는 대표적인 사례입니다.

우리나라는 분리수거를 열심히 합니다. 전 세계에서 우리만큼 플라스틱 분리수거에 진심인 나라도 몇 군데 없습니다. 정성스레 플라스틱, 비닐, 투명 페트병 등을 종류별로 나누어 배출합니다. 마치 숙제를 꼼꼼히 하는 학생처럼, 주어진 규칙을 잘 지키려고 노력합니다. 하지만 현실은 기대와는 다릅니다. 우리가 분리배출한 플라스틱 중 상당 부분이 실제로 재활용되지 못하고 소각되거나 매립된다는 사실은 이미 여러 연구와 언론 보도를 통해 밝혀졌습니다. 왜 이런 일이 벌어지는 걸까요? 플라스틱 재활용에는 여러 가지 어려움이 존재하기 때문입니다.

[미국의 분리수거(?) (출처: hodim/Shutterstock)]

재질의 다양성과 혼합: '초록동색'의 함정

플라스틱은 종류가 매우 다양합니다. PET, HDPE, LDPE, PP, PS, PVC

등 다양한 재질의 플라스틱이 생산되고 사용됩니다. 문제는 이러한 플라스틱들은 서로 섞이면 재활용이 어렵다는 점입니다. 마치 여러 색깔의 물감을 섞으면 탁한 색이 되는 것처럼, 다른 종류의 플라스틱을 섞어서 재활용하면 품질이 저하된 재생 플라스틱이 만들어지거나, 심지어 재활용 자체가 불가능해지기도 합니다. 그래서 플라스틱 재활용의 기본 원칙은 '같은 종류끼리 모으는 것(Like Resins Like)'입니다. 즉, '초록동색'처럼 같은 색깔, 같은 재질의 플라스틱끼리 모아야 효율적인 재활용이 가능합니다. 하지만 현실에서는 다양한 색깔과 재질의 플라스틱 제품들이 혼재되어 유통되기 때문에, 이를 일일이 분리하는 작업은 매우 어렵고 비용이 많이 듭니다.

플라스틱이 서로 섞이지 못하는 이유

서로 다른 종류의 플라스틱이라고 하더라도, 이를 구성하는 원소는 탄소, 수소, 산소 등으로 비슷합니다. 따라서 언뜻 생각해보면 이런 플라스틱들이 잘 섞일 수도 있을 것 같습니다. 그러나 각 고분자 종류를 구성하는 플라스틱들이 잘 섞이지 않는 이유에는 여러 과학적 원인들이 복합적으로 작용합니다. 주요 원인들을 과학적으로 자세히 살펴보겠습니다.

엔트로피(Entropy)

비전공자가 엔트로피를 정확하게 이해하는 것은 좀처럼 쉽지 않습니다. 어떤 느낌인지 맛보기 정도로 설명하겠습니다. 엔트로피는 무질서도로, 자유롭게 움직일 수 있는 정도라고 생각하면 됩니다. 자유도가 높다는 것은, 마치 넓은 운동장에서 사람들이 마음껏 뛰어다니는 상황과 같습니다. 그만큼 섞이고 움직일 수 있는 가능성이 커지기 때문에 무질서도(엔트로피)도 높아집니다. 집안에 작은 모래들과 색종이들로 무질서하게 만드는 게 커다란 책상 몇개로 하는 것보다 쉽습니다.

통상 분자가 작으면 기체가 되고, 액체가 되고, 고체가 됩니다. 모든 기체는 빈공간에서 잘 섞여 있습니다. 그보다 약간 큰 분자는 액체가 되는데 알코올이나 물 서로 합쳐지기 쉬운 경우가 많습니다. 그러나 분자가 점점 커져 고체 상태가 되면 자유롭게 움직이는 정도(자유도)가 크게 떨어져서, 섞이기 어렵습니다. 고분자란 고체 중에서도 '매우 매우 큰 분자'를 뜻하는데, 작은 분자가 몇 십 개에서 몇 백 개 연결된 정도가 아니라 수천~수만 개 이상 연결된 거대한 사슬 구조를 가집니다. 이렇게 길고 복잡한 분자들은 서로 섞이려면 사슬들이 얽혀서 움직여야 하는데, 길이가 커질수록 엉킴이 심해지고, 그만큼 자유롭게 섞일 수 있는 정도(즉, 엔트로피의 증가)가 크게 줄어듭니다. 그래서 고분자들은 스스로 섞이는 데 필요한 에너지가 부족해지는 경우가 많습니다.

엔탈피

자, 이제 다른 하나의 중요한 요소인 엔탈피에 대해 이야기해보겠습니다.

엔트로피가 '섞이고 싶어하는 자유로움'이라면, 엔탈피는 섞였을 때 얼마나 서로 잘 어울리는가, 즉 궁합을 나타내는 에너지입니다.

혹시 "사람은 자기와 닮은 사람에게 끌린다"는 말 들어보신 적 있나요? 화학에서도 비슷한 원리가 적용됩니다.

"Like dissolves like"

우리말로 하면 유유상종(類類相從)이라고 할 수 있는 원칙입니다. 서로 닮은 성질의 분자들은 섞이기 쉽고, 성격이 너무 다르면 잘 어울리지 않습니다.

왜 그럴까요? 그건 분자들이 가까이 있을 때, 서로를 얼마나 잘 잡아당기느냐, 즉 분자 간 인력이 중요하기 때문입니다.

분자 내부에는 음(−)와 양(+)의 성질을 갖는 부위가 적절히 배치해 있는데, 그 분포가 비슷한 분자들끼리는 서로 잘 맞물려 안정적인 상태가 됩니다. 이때는 '잡아당기는 힘'이 강해서, 두 분자가 함께 있으면 오히려 에너지가 낮아지고 편안한 상태가 되는 거죠.

하지만, 분자 구조가 전혀 다르거나, 전자와 양성자의 배치가 너무 다르면? 서로를 끌어당기기보다 밀어내는 힘이 더 커지고, 이럴 경우 두 분자가 함께 있는 데 더 많은 에너지가 필요합니다. 이럴 때 분자들은 "우리는 안 맞아"라고 말하듯, 서로 섞이지 않으려는 쪽으로 작용하게 됩니다.

요약하자면, 엔트로피가 "섞이고 싶어도, 덩치 때문에 움직이기 힘들어"라면, 엔탈피는 "게다가 너랑은 성격도 안 맞아…"인 셈이죠.

이 두 가지가 동시에 작용하니, 고분자끼리는 아무리 탄소, 수소, 산소로 구성되어 있어도 마음처럼 잘 섞이지 않는 것입니다. 그래서 플라스틱을 재활용할 때는 같은 재질끼리 분리해서 모으는 것이 정말 중요한 것이죠.

색깔: 재활용의 또 다른 걸림돌

플라스틱의 색깔을 부여하기 위해 첨가된 염료 및 안료 또한 재활용에 영향을 미칩니다. 초기 플라스틱의 색깔이 재활용에도 계속 남게 되면 색이 섞이고 섞여서 보기 싫은 얼룩 형태가 될 수도 있고, 염료 등이 응축되어 결점으로 작용하여 기계적 물성을 저하시킬 수도 있습니다. 특히 검은색 플라스틱은 재활용 과정에서 광학 선별기를 통해 제대로 분류되지 않는 경우가 많습니다. 마치 어두운 밤에 검은 물체를 찾기 어려운 것처럼, 검은색 플라스틱은 선별 과정에서 제대로 인식되지 못하고 다른 폐기물과 함께 처리될 가능성이 높습니다.

[다양한 색상의 플라스틱들을 재활용하면 무슨 색이 될까?]

4. 분리배출, 똑바로 해도 헷갈리는 이유

필자들은 모두 자녀가 있습니다. 어느덧 의젓하게 자란 아이들은 주말이면 아빠를 도와 폐플라스틱 분리배출을 함께하곤 합니다. 하지만 처음에는 질문이 끊이지 않았습니다. “아빠! 우유팩은 어디에 버려?”, “아빠! 장난감은 어디에 버려?”, “아빠! 과자 봉지는 어디에 버려?”, “아빠! 책은 어디에 버려?”, “아빠! 버린 플라스틱들은 어디로 가?”

쏟아지는 질문을 방어하기 위해서 최대한 이해하기 쉬운 방법을 생각해봅니다만 꽤 녹록치 않습니다. 왜냐하면 플라스틱 전문가인 필자들이 생각하기에도, 대부분의 폐플라스틱들이 순수한 플라스틱 단일 종으로 이루어지지 않아 선별장에서 제대로 분리될 수 있을지 확신하기가 어렵기 때문입니다.

1) 소비자의 분리배출

일단 필자가 사는 아파트의 분리수거장은 (1) 투명 페트병 전용 수거함(RIC 1번), (2) 일반 플라스틱(저순도), (3) 비닐, (4) 흰색 스티로폼, (5) 캔, (6) 유리, (7) 종이로 나누어 버리도록 하고 있습니다. 투명 페트만을 따로 모으는 곳(1)은 정말 확실하게 재활용될 것이라고 기대할 수 있습니다. 이는 환경부에서 2020년 12월 25일부터 공동주택에서, 2021년 12월부터 단독주택까지 확대 시행한 ‘투명 페트병 별도 분리배출 정책’ 덕분입니다. 주민들이 지시사항을 잘 따라서 깨끗한 ‘투명’ ‘페트’만 분리해준다면 말이죠.

(2)에서부터 좀 의아해집니다. 여기서 말하는 플라스틱의 의미는 주로 용기를 의미합니다. 페트병은 1번이지만, PET로 만들어진 테이크아웃용 커피 컵이나 과일 포장용기는 2번으로 갑니다. 이러한 플라스틱 커피 컵이나 과일 포장용기는 종종 PET 재질이 아닌 플라스틱으로도 만들어지며, 역시 투명하여 전문가들도 쉽게 구분할 수 없습니다. 투명한 플라스틱이라고 하여 1번에 넣었다가 자칫 1번 통의 순도가 떨어지기에 1번에는 병 형태의, 확

[흔한 아파트의 폐플라스틱 분류 현장]

실하게 PET를 사용한 투명 플라스틱만 넣도록 하는 것입니다. 2번에서는 폴리스타이렌으로 만들어진 음료 컵이나 폴리프로필렌으로 만들어진 빨대도 수거됩니다. 폴리에틸렌으로 만든 용기, PVC로 만든 파이프도 함께 버려집니다.

이처럼 2번 플라스틱 분리 수거함은 투명한 PET 병을 제외하고, 불투명 PET를 포함하여, RIC(Resin Identification Code) 1~7번에 해당하는 다양한 플라스틱이 한 포대에 섞이게 됩니다. 따라서 이 플라스틱들은 재활용이 몹시 어려워집니다. 섞이면 기계적 재활용 시에 제품의 성능이 매우 떨어질 수밖에 없습니다. 이상적으로는 한 종의 플라스틱만 기계적 재활용 과정에서 녹인 다음에 원하는 형태로 성형 가공을 하도록 합니다. 만약 서로 다른 플라스틱을 고온에서 함께 녹인 뒤, 성형가공을 거쳐 하나의 플라스틱 제품처럼 만들어질 수 있다면 좋을 것입니다. 그러나 내부 구조가 서로 다른 플라스틱 성분들은 친하지 않아 잘 섞이지 않습니다. 굳은 상태에서도 서로 떨어지려고 하는 특성으로 튼튼한 물성을 기대하기 어렵습니다.

(3) 비닐은 성분을 발하는 것이 아니라 얇은 필름 형태로 만들어져 물건을 담을 수 있는 용도에 따른 분류이기 때문에 물질에 대한 분류가 아닙니다. 폴리에틸렌도 비닐이 될 수 있고, 폴리프로필렌, PET, PVC도 비닐이 될 수 있습니다.

그렇다면 왜 이렇게 뭉뚱그려서 분리배출을 받는 것일까요? 박사 아빠들은 아이들에게 명확하게 설명해주기 위해 고민을 거듭했습니다. 현실적인 제약과 재활용 시스템의 한계를 고려하지 않고서는 아이들의 질문에 제대로 답할 수 없다는 것을 깨달았기 때문입니다.

모든 가정이 플라스틱 종류를 완벽하게 구분하여 배출하는 것은 현실적으로 매우 어렵습니다. 플라스틱 종류를 나타내는 표기가 작거나 지워져 있는 경우도 많고, 일반 시민들이 모든 플라스틱의 재질을 구분하는 것은 쉽지 않습니다. 또한, 아무리 세세하게 분리배출을 하도록 제도를 마련하더라도 시민들의 참여와 협조가 없다면 효과를 보기 어렵습니다. 즉, 분리배출의 효율성을 높이기 위해서는 시민들의 참여를 끌어낼 수 있는 간소화된 분류 기준이 필요합니다. 동시에 기업들도 플라스틱 제품을 재활용이 용이하도록 설계하거나(Design for Recycling), 불필요한 복합소재·혼합포장을 줄이는 노력이 병행되어야 합니다. 현재의 분류 방식은 이러한 현실적인 제약, 시민들의 편의성, 그리고 기업의 책임을 고려한 제도적 절충의 결과라고 볼 수 있습니다

2) 플라스틱 선별장과 AI 기술의 도입

분리배출된 플라스틱은 선별장으로 옮겨져 추가적인 분류 과정을 거칩

니다. 선별장에서는 수작업과 기계적인 방법을 통해 플라스틱을 종류별로 다시 분류하려고 노력합니다. 하지만 완벽하게 분리하는 것은 기술적으로 한계가 있습니다. 컨베이어 벨트 위를 지나가는 플라스틱 폐기물을 작업자들이 일일이 눈으로 확인하고 손으로 분류하는 방식은 시간과 인력이 많이 소요되며, 작업자의 숙련도에 따라 분류의 정확도가 달라질 수 있습니다. 또한, 오염된 플라스틱이나 크기가 작은 플라스틱은 선별 과정에서 제외되는 경우가 많습니다. 광학 선별기 등 첨단 장비가 도입되고 있지만, 모든 종류의 플라스틱을 완벽하게 구분해낼 수는 없습니다. 특히 복합 재질로 이루어진 플라스틱이나 색깔이 입혀진 플라스틱은 선별이 더욱 어렵습니다. 선별 과정에서 이물질이 완전히 제거되지 않는 경우도 많습니다. 이러한 선별 과정의 한계 때문에 여러 종류의 플라스틱이 섞여 있는 상태로 재활용되는 경우가 발생하며, 이는 재활용 플라스틱의 품질 저하로 이어집니다. 즉, 현재의 재활용 시스템으로는 완벽한 재활용이 어렵기 때문에, 최대한 많은 양의 플라스틱을 재활용하기 위해 어느 정도의 혼합을 감수하는 방식을 택하고 있는 것입니다.

후손들에게 미안한 얘기입니다. "현재의 분리배출 방식은 완벽하지는 않지만, 우리가 할 수 있는 최선의 방법 중 하나라는 것"이 대답입니다. 필자 같은 플라스틱 전문가들도 만지거나 두드려 보지 않고 외부만 봐서는 플라스틱의 종류를 구분하지 못합니다. 하지만 기술은 계속 발전하고 있고, 우리 모두가 플라스틱 문제에 관심을 가지고 노력한다면 더 나은 미래를 만들 수 있을 것이라고 말하고 싶습니다.

실제로 AI 기술과 로봇 기술의 발전은 폐플라스틱 선별 및 분리 과정에 혁명적인 변화를 가져오고 있습니다. 과거 노동 집약적인 수작업에 의존했던 분류 방식을 자동화하여 효율성을 극대화하고, 선별 정확도를 높이는 기술들이 속속 등장하고 있습니다. 이러한 기술들은 폐플라스틱 재활용률을 향상시키는 데 중요한 역할을 할 것으로 기대됩니다.

AI, 특히 딥러닝 기반의 이미지 인식 기술은 폐플라스틱의 종류, 재질, 색상, 형태, 적외선 흡수 양상 등을 정확하게 분석하고 분류하는 데 핵심적인 역할을 합니다. 컨베이어 벨트를 따라 이동하는 폐플라스틱을 카메라로 촬영하고, AI 알고리즘이 실시간으로 이미지 및 적외선 흡수 패턴을 분석하여 각 플라스틱의 종류를 식별합니다. AI 분류 기술의 성능은 얼마나 다양하고 방대한 데이터셋을 학습했는지에 따라 결정됩니다. 다양한 재질, 형태, 오염도를 가진 폐플라스틱 이미지 데이터셋을 구축하고 이를 활용하여 AI 모델을 훈련시키는 것이 중요합니다.[2] 미국 AMP Robotics와 같은 기업은 머신러닝을 활용하여 이미지 기반 폐기물 분류 서비스를 제공하고 있습니다. 이 시스템은 로봇 팔을 이용하여 분류된 폐기물을 자동으로 수거하는 기능까지 갖추고 있습니다. 국내에서는 ACI라는 회사가 딥러닝 기반 AI를 이용한 재활용 폐기물 선별 로봇 '닥터비(B)'를 개발하여 실제 현장에 적용하고 있습니다. 2023년 1월부터 서울 도봉구 자원순환센터에 설치되어 운영 중이며, 폐기물 선별 효율성 향상에 기여하고 있습니다.[3]

AI 기술은 사물 인터넷(IoT) 기술과 융합되어 더욱 스마트한 폐플라스틱 관리 시스템을 구축하는 데 활용될 수 있습니다. 스타트업 이노버스가 개발한 AI 수거함 '쓰샘'은 IoT 기술을 활용하여 일회용 플라스틱 컵을 자동으로 분리수거하는 시스템입니다. AI는 컵의 재활용 가능 여부를 판단하고, 자동 압축 시스템을 통해 대용량 수집도 가능하게 합니다. 특히 '쓰샘 ReCUP'은 플라스틱 컵을 세척, 수집, 선별하는 기능을 통합적으로 제공하여 공공기관

2 ETRI 전자통신동향분석, "ICT기반 폐플라스틱 관리 전주기 기술 동향"

3 이코리아, "플라스틱 재활용 원료수거·분류 시장에 투입된 AI 기술"

에 보급되고 있습니다.[4]

일부 IoT 분리배출함은 AI 기반의 인식 기능을 탑재하여 특정 종류의 플라스틱(예: 투명 페트병)을 전문적으로 수거합니다. 사용자가 빈 페트병의 바코드를 인식시킨 후 투입구에 넣으면, 내부에 설치된 AI 카메라가 페트병의 이미지를 인식하여 정확하게 분류합니다.[5]

AI 기술과 더불어 로봇 기술의 발전은 페플라스틱 선별 과정을 완전히 자동화하는 데 중요한 역할을 합니다. 에이트테크와 같은 기업은 AI를 활용한 로봇 선별기를 개발하여 페플라스틱 선별 자동화를 추진하고 있습니다. 이 로봇은 비전 센서로 재활용품을 시각적으로 인지하고, AI 알고리즘을 통해 종류 및 특징을 분석한 후, 로봇 팔을 이용하여 자동으로 분류합니다.[6]

3) 포장재 분리배출의 한계: 즉석밥 용기가 여러 층이라구요?

플라스틱을 상품별로 잘 분리해서 버리면, 재질별로도 잘 재활용될 수 있을까요? 안타깝게도 꼭 그렇지는 않습니다. 왜냐하면 하나의 상품에도 여러 종류의 플라스틱이 함께 사용되는 경우가 많기 때문입니다. 특히 식품 포장재는 대표적인 예입니다. 단일 재질로는 요구되는 기능을 모두 충족하기 어려워, 각기 다른 특성을 가진 플라스틱이 얇은 층으로 겹겹이 붙어 사용됩니다. 이를 '적층 포장재(멀티레이어)'라고 하는데, 그 목적은 뚜렷합니다.

예를 들어 플라스틱은 겉보기에 단단해 보여도 완벽하게 기체를 차단하지 못합니다. 보통 우리가 사용하는 PET병 2리터 기준으로 하루에 약 100

4 AIFN, "AI, 플라스틱 쓰레기 문제 해결한다…일상생활 스며드는 혁신 기술"
5 Industry Journal, "인공지능(AI) 재활용품 회수 로봇, 사물인터넷(IoT) 분리배출함…'자원 순환 도우미'"
6 아산 AER, "AI와 로봇 기술로 폐기물 재활용"

[플라스틱 포장재에 포위된 마트 (출처: Natalia Saudi/Shutterstock)]

mL 정도의 산소가 투과된다고 알려져 있습니다. 사람이 숨 쉬기엔 부족한 양이지만, 식품처럼 민감한 물질은 이 정도 산소만 들어가도 산패(부패)가 진행될 수 있습니다. 그래서 과자나 즉석식품, 라면, 카레 등의 포장지 안쪽을 보면 대부분 반짝이는 은색층이 있습니다. 이건 단순한 장식이 아니라, 산소와 수분의 침투를 막기 위해 알루미늄을 얇게 코팅해 놓은 것입니다. 기체 차단성을 극대화하려는 의도입니다. 여기에 외부 충격을 막는 플라스틱, 봉합이 잘 되는 플라스틱, 식품과 접촉 가능한 위생성을 고려한 플라스틱 등 두세 가지 이상의 다른 재질이 얇게 겹쳐져 사용됩니다.

예를 들어 즉석밥 용기는 겉보기엔 하얀 플라스틱 그릇처럼 보이지만, 바깥쪽은 충격 방지를 위한 폴리아마이드(나일론), 가운데는 수분 차단을 위한 폴리프로필렌(PP), 안쪽에는 산소 차단을 위한 EVOH(에틸렌-비닐알코올 공중합체) 등 서로 다른 플라스틱이 매우 얇게 층층이 접착되어 있습니다.

이제 다시 처음 질문으로 돌아가 볼까요? 우리가 아무리 상품별로 꼼꼼하게 분류해서 플라스틱을 버려도, 이렇게 서로 다른 재질이 얇게 붙어 있는 복합 포장재는 재활용이 어렵습니다. 왜냐하면 이들 각 층은 단단하게 접착되어 있어 기술적으로 분리하는 데 매우 많은 비용과 에너지가 들기 때문입니다. 분리하는 데 드는 비용이, 새로 플라스틱을 만드는 비용보다 훨씬 더 크다면 기업 입장에선 재활용을 선택하기 어렵습니다. 그래서 이런 복합 포장재는 재질을 확인하기도 어렵고, 분리도 까다롭기 때문에 현실적으로는 재활용보다는 소각이나 매립으로 처리되는 경우가 많습니다.

결국, 우리가 올바르게 분리수거를 하더라도, 복잡하게 설계된 제품 자체의 구조적인 한계 때문에 재활용이 어려운 경우가 많다는 점을 이해할 필요가 있습니다. 앞으로는 재활용이 쉬운 단일 재질 포장재나, 분해가 가능한 친환경 포장재로의 전환이 중요해지는 이유입니다.

혹시 이 글을 읽으며 "재활용은 무의미한 게 아닐까?" 하는 회의감이 들 수도 있습니다. 하지만 그렇지 않습니다. 현실의 기술이 아직 완벽하지 않을 뿐, 재활용 자체는 매우 중요하고 필요한 활동입니다.

우리는 지금도 플라스틱 생산과 폐기 과정에서 막대한 온실가스를 배출하고 있습니다. 특히 전체 플라스틱 관련 온실가스의 절반 이상은 새 플라스틱을 만드는 과정에서 발생합니다. 따라서 한 번 쓰고 버려지는 플라스틱을 다시 자원으로 순환시키는 재활용은, 이 문제를 획기적으로 줄일 수 있는 강력한 방법입니다.

이러한 기술적·사회적 과제를 해결하는 것은 바로 우리 과학자들의 몫입니다. 아직은 해결해야 할 문제가 많지만, 기술은 진보하고 있고, 사람들의 인식도 변화하고 있으며, 국제적인 협력도 활발히 진행 중입니다. 이 책의 7장에서 다시 한번 재활용의 가능성과 미래에 대해 이야기해 보겠습니다.

5장

플라스틱을 바꾸는 새로운 상상

바이오 플라스틱과 생분해성 소재들

1. 바이오 플라스틱이란?

1) 플라스틱, 네 갈래길에 서다

플라스틱은 크게 두 가지 기준으로 나눌 수 있습니다. 한 가지 기준은 "무엇으로 만들었는가?"입니다. 이 기준으로 플라스틱을 나누면 크게 석유 기반 플라스틱과 바이오매스 기반 플라스틱으로 나눌 수 있습니다.

두 번째 기준은 "자연에서 분해되는가?"입니다. 자연에서 분해되는 플라스틱을 생분해성 플라스틱이라고 한다면, 분해되지 않는 플라스틱을 비생분해성 플라스틱이라고 할 수 있습니다.

이 두 기준을 조합하면 플라스틱은 다음 그림과 같이 총 네 가지로 분류할 수 있으며, 그림에 타원형 구획으로 표시된 세 부분에 속하는 플라스틱이 곧 바이오 플라스틱에 해당합니다.

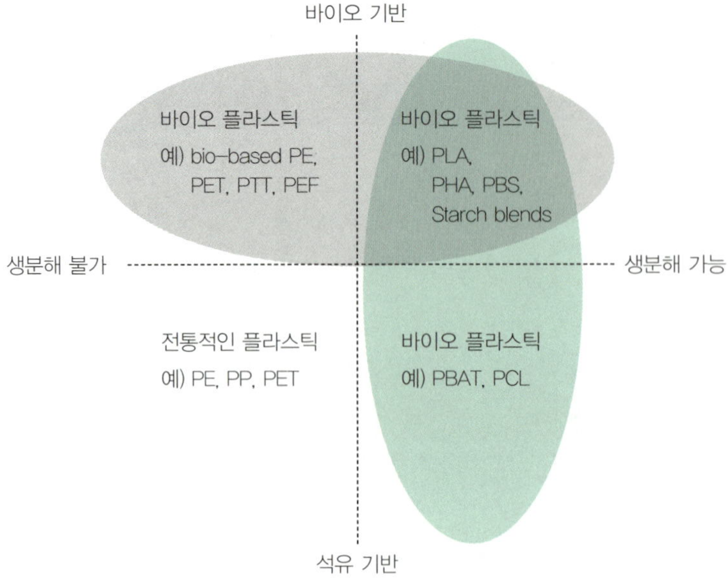

[분해 vs. 비분해, 석유 vs. 바이오에 따른 플라스틱의 4대 분류]

2) 생물의 잔해로 만들어진 플라스틱

알코올은 술의 주된 성분이고, 소독약, 손 세정제 등에 널리 활용되고 있습니다. 주변에서 쉽게 보이는 알코올은 일반적으로 에틸알코올(에탄올)을 말하며, 그 화학식은 C_2H_5OH입니다. 이 화학식은 알코올의 탄소(C), 수소(H), 산소(O) 원자가 강아지 모양의 구조로 결합한 형태를 나타냅니다.

알코올을 크게 석유 기반과 발효 기반의 두 과정으로 생산하고 있습니다. 먼저 석유를 고온, 고압으로 처리하여 화학 반응을 일으키면 알코올을 추출할 수 있습니다(석유 기반). 그 외에 과일, 곡물, 사탕수수와 같은 식물에서 나오는 당분을 미생물이 분해하는 과정에서도 알코올이 생성됩니다(발효 기반). 이렇게 두 과정에서 얻은 알코올의 최종 구조는 완벽하게 동일합니다.

[모형으로 보는 강아지 모양의 에탄올 분자. 몸통의 검은색 구가 탄소(2개), 얼굴에 해당하는 회색조의 구가 산소(1개, 실제로는 빨간색 모형입니다), 나머지 흰색의 구가 수소(6개)를 나타냅니다.]

PET는 에틸렌글리콜과 테레프탈산이라는 두 가지 성분을 결합해서 만듭니다. 석유계 PET와 바이오 PET로 나눌 수 있으며, 두 성분을 어디서 추출하는지에 따른 구분입니다. 즉, 석유계 PET는 석유에서 추출한 에틸렌글리콜과 테레프탈산을 사용해 만들고, 바이오 PET는 사탕수수나 옥수수를 발효해 얻은 에틸렌글리콜을 사용해 만듭니다. 테레프탈산은 여전히 석유에서 나오기도 하지만, 최근에는 바이오 기반 테레프탈산의 개발도 진행 중입니다. 역시 두 가지 PET는 최종적으로 화학 구조가 완전히 동일합니다. PET를 구성하는 반복 단위의 화학식은 $(C_{10}H_8O_4)_n$으로 나타냅니다.

화학식과 구조가 같기 때문에 물리적, 화학적 성질도 똑같습니다. 강도, 투명도, 무게, 내구성, 내열성, 가공성, 재활용 가능 여부까지. 우리가 사용하는 PET병이나 의류 섬유는 바이오 PET인지 석유계 PET인지 겉으로는 절대 구분할 수 없습니다.

탄소-14(C-14): 숨겨진 시간의 단서

탄소는 우리 주변 어디에서나 찾아볼 수 있는 친숙한 원소입니다. 나무, 동물, 우리 몸, 심지어 우리가 숨 쉬는 공기에도 탄소가 포함되어 있습니다. 탄소는 질량수에 따라 여러 종류, 즉 동위 원소로 나뉘는데, 대표적으로 탄소-12(C-12), 탄소-13(C-13), 탄소-14(C-14)가 있습니다. 이 중 탄소-14는 특별한 성질을 지니고 있습니다. 바로 '방사성 동위 원소'라는 점입니다.

방사성 동위 원소

같은 원소이지만 질량수가 다른 원소들을 동위 원소라고 합니다. 즉, 원자핵 속의 중성자 수가 달라서 원자량은 다르지만 화학적 성질은 거의 같습니다. 마치 가족사진에서 형제들의 키가 조금씩 다르지만, 모두 같은 가족인 것처럼, 동위 원소들은 같은 원소이지만 질량만 조금씩 다른 것입니다. 이 중에서 원자핵이 불안정하여 방사선을 방출하며 다른 원소로 붕괴하는 동위 원소를 방사성 동위 원소라고 합니다.

탄소의 경우, 대부분(99% 이상)은 안정적인 형태인 C-12이며, C-13도 안정적인 동위 원소입니다. 하지만 C-14는 불안정하여 시간이 지남에 따라 붕괴하는 성질을 가지고 있습니다. 마치 시간이 지날수록 점점 줄어드는 모래시계 속 모래알과 같습니다. 이처럼 불안정한 원자핵이 붕괴하면서 방출하는 에너지를 방사선이라고 하며, 이러한 성질을 방사성이라고 합니다.

탄소-12, 탄소-13, 탄소-14의 무게 차이

탄소 원자는 원자핵 속에 6개의 양성자를 가지고 있으며, 동위 원소에 따라 중성자의 수가 달라집니다. 탄소-12는 6개의 중성자를, 탄소-13은 7개의 중성자를, 탄소-14는 8개의 중성자를 가지고 있습니다. 따라서, 탄소-12가 가장 가볍고, 탄소-13, 탄소-14 순으로 무거워집니다. 하지만 이 무게 차이는 매우 미미하며, 화학적 성질에 큰 영향을 주지는 않습니다. 마치 머리카락 한두 가닥의 무게 차이처럼, 눈에 띄지 않는 아주 작은 차이입니다. 하지만 방사성 붕괴라는 특별한 성질은 바로 이 미세한 차이에서 비롯됩니다.

탄소-14의 생성

탄소-14는 지구 대기 상층부에서 우주에서 날아오는 고에너지 입자인 우주선(宇宙線)과 대기 중의 질소 원자가 충돌하는 핵반응을 통해 생성됩니다. 이 과정에서 질소 원자가 중성자를 흡수하여 탄소-14로 변환되는 것입니다. 마치 당구공이 부딪히면서 다른 공의 방향을 바꾸는 것처럼, 우주선이 질소 원자와 충돌하면서 원자의 구조를 바꾸는 것입니다. 이렇게 생성된 탄소-14는 대기 중의 산소와 결합하여 이산화탄소($^{14}CO_2$)의 형태로 존재하게 됩니다.

생태계 속 탄소-14의 순환

대기 중의 $^{14}CO_2$는 식물의 광합성 작용을 통해 식물 체내로 흡수됩니다. 마치 식물이 숨을 쉬듯이, 공기 중의 이산화탄소를 흡수하여 자신의 몸을 구성하는 데 사용하는 것입니다. 이렇게 식물에 흡수된 탄소-14는 이 식물을 먹는 동물에게 전달되고, 최종적으로 이 동물을 섭취하는 사람에게까지 이동합니다. 즉, 모든 살아있는 생명체는 일정한 비율의 탄소-14를 포함하고 있는 것입니다. 마치 물이 강을 따라 흐르듯, 탄소-14는 대기에서 식물을 거쳐 동물과 인간으로까지 순환하는 것입니다.

탄소-14의 붕괴와 탄소 연대 측정법

C-14는 시간이 지남에 따라 일정한 속도로 천천히 붕괴되어 C-12로 변하며, 이 과정에서 아주 미량의 방사선을 방출합니다. 이러한 붕괴 속도를 '반감기'라고 하는데, C-14의 반감기는 약 5,730년입니다. 즉, 5,730년이 지나면 C-14의 양이 절반으로 줄어든다는 의미입니다. 하지만 자연 속에 존재하는 C-14의 양은 매우 적기 때문에, 우리 몸에 미치는 영향은 무시할 수 있을 정도로 미미합니다. 그러니 걱정하지 않아도 됩니다!

C-14가 일정한 속도로 시간이 지나면서 줄어드는 성질을 이용하면, 오래된 물질의 나이를 측정할 수 있습니다. 이것이 바로 탄소 연대 측정법입니다. 살아있는 생물체는 끊임없이 탄소를 섭취하기 때문에 체내의 C-14 비율이 대기 중의 비율과 동일하게 유지됩니다. 하지만 생물이 죽으면 탄소 섭취가 멈추고, 체내의 C-14는 붕괴하기 시작합니다. 따라서, 유물이나 유골에 남아 있는 C-14의 양을 측정하여 그 유물이 얼마나 오래되었는지 추정할 수 있습니다.

바이오 플라스틱은 환경을 보호하기 위한 친환경적인 선택지로 잘 알려져 있습니다. 바이오 플라스틱은 옥수수, 사탕수수 같은 식물에서 얻은 재료로 만들어지며, 지구 온난화를 줄이는 데 도움을 줄 수 있죠. 하지만 문제는, 똑같은 화학 구조를 가진 플라스틱을 석유로도 만들 수 있다는 점입니다.

바이오 플라스틱을 만드는 데는 시간이 많이 들고 비용도 비싸기 때문에, 나쁜 사람들이 석유로 만든 플라스틱을 바이오 플라스틱이라고 속여서 팔 수도 있습니다. 그렇다면 우리는 어떻게 과학적으로 이 둘을 구분할 수 있을까요? 그 답은 바로 C−14(탄소−14)라는 특별한 물질에 있습니다.

먼 옛날, 약 몇 천만 년에서 수억 년 전(정확한 시기는 약 3억 5천만 년에서 1억 5천만 년 전) 지구에는 거대한 숲과 바다 속에 수많은 생명체가 살고 있었습니다. 그중에서 나무와 바다 속 작은 생물들(플랑크톤, 해조류 등)이 시간이 지나면서 땅속에 묻혔습니다. 이 생명체들이 땅속에서 높은 온도와 압력을 받으면 점차 석탄과 석유 같은 화석 연료로 변했습니다. 이 과정은 매우 오랜 시간이 걸리기 때문에, 석유와 석탄 속의 C−14는 대부분 사라졌습니다.

반면, 바이오 플라스틱은 사탕수수, 옥수수와 같은 식물에서 만들어집니다. 이 식물들은 자라면서 대기 중의 이산화탄소(CO_2)를 흡수합니다. 이 CO_2 속에는 C−14도 포함되어 있죠. 따라서 바이오 플라스틱은 최근에 만들어졌기 때문에 C−14가 그대로 남아 있습니다. C−14는 바이오 플라스틱의 출처를 확인할 수 있는 단서가 되는 셈입니다. 식물에서 만든 플라스틱뿐만 아니라, 대기 중의 이산화탄소를 다시 고분자(플라스틱 소재)로 환원(산화의 반대 반응)시키는 인공광합성 기술이나 촉매를 활용한 탄소 전환 기술로 만든 소재들도 바이오 플라스틱으로 분류됩니다. 이들도 결국 C−14를 포함한 '최근의 탄소'를 기반으로 하기 때문입니다. 이 이야기는 7장에서 다시 자세히 다루겠습니다.

3) 바이오 플라스틱의 현황과 전망

친환경의 다양한 접근 방식(바이오매스 기반 + 생분해성)

PLA(폴리락트산), PHA(폴리하이드록시알카노에이트)와 같은 플라스틱은 옥수수, 사탕수수 등 식물에서 얻은 바이오매스를 원료로 만들어지며, 사용 후에는 미생물에 의해 자연스럽게 분해됩니다. 즉, 자연으로부터 와서 다시 자연으로 돌아가는, 가장 이상적인 바이오 플라스틱입니다.

탄소 네거티브, 탄소를 포집하는 신개념 플라스틱(바이오매스 기반 + 비생분해성)

Bio-PE, Bio-PET 등은 식물에서 유래한 원료로 만들지만, 분해되지 않는 플라스틱입니다. 대신 이들은 식물이 흡수한 이산화탄소(CO_2)를 고체 형태로 오랫동안 가둬두는 역할을 할 수 있습니다. 그래서 IPCC 보고서에서도 이들을 탄소 포집 수단으로 주목하고 있으며, 바이오 기반의 비생분해성 플라스틱도 바이오 플라스틱에 해당합니다. 마지막 장에서 심도 있게 다룰 예정입니다.

제한적인 희망(석유 기반 + 생분해성)

PBAT, PBS, PCL 같은 플라스틱은 석유에서 만들지만, 환경 조건에 따라 분해됩니다. 여기서 중요한 점은, 석유에서 만들어졌더라도 생분해가 가능하다는 것입니다. 생분해란 물질이 미생물에 의해 분해되는 현상이고, 이건 석유 유래인지 식물 유래인지는 상관없습니다.

샴푸, 로션, 세제처럼 우리가 사용하는 많은 생활 화학제품도 석유에서 만들지만 결국 자연에서 분해되는 이유는, 그것들이 유기물이기 때문입니다. 즉, 유기물이라면 미생물이 분해할 수 있습니다. 이러한 이유로, 석유 기반 생분해성 플라스틱도 바이오 플라스틱 범주에 포함됩니다.

영원한 숙제(석유 기반 + 비생분해성)

페트병, 비닐봉투, 일회용 용기 등 우리가 가장 많이 사용하는 플라스틱입니다. 석유에서 만들어지고, 자연에서는 수백 년이 지나도 분해되지 않습니다. 가격이 저렴하고 가공이 쉬우며 내구성이 뛰어나지만, 지구 환경에 가장 큰 부담을 주는 플라스틱입니다.

요약하자면, 플라스틱은 어디에서 왔는가(석유 or 바이오매스), 그리고 어떻게 사라지는가(분해 가능 or 불가능)에 따라 그 환경적 의미가 완전히 달라집니다. 앞의 세 가지 경우를 우리는 '바이오 플라스틱'이라고 정의하며, 각기 다른 방식으로 플라스틱의 환경 문제를 해결하려는 다양한 전략을 보여주고 있습니다.

2. 생분해성 플라스틱 무용론, 정말일까요?

앞에서 살펴본 바와 같이, 생분해성 플라스틱은 석유에서 만들었든, 식물성 자원에서 만들었든, 자연에서 미생물에 의해 분해될 수 있도록 설계된 플라스틱입니다. 생분해성이라는 성질이 핵심이기 때문에, 원료와 상관없이 미생물의 분해가 가능하다면 생분해성 플라스틱으로 분류합니다.

요즘 유튜브나 SNS에서 "생분해성 플라스틱은 쓸모없다"라는 말을 들어본 적 있습니까? 어떤 영상에서는 생분해성이라던 플라스틱 컵을 화단에 묻어두고 몇 달 뒤 그대로 있는 모습을 보여주며 "이게 뭐가 친환경이냐"라고 비판합니다. 또 어떤 전문가들은 "어차피 우리나라는 재활용과 소각 위주로 처리하는데, 생분해 여부는 무의미하다"라고도 합니다.

이런 주장은 겉으로 보기엔 일리가 있어 보이지만, 중요한 사실 하나를 놓치고 있습니다. 모든 플라스틱이 효율적으로 수거되고 재활용되는 것은 아니라는 점입니다. 다시 말해, 우리가 통제할 수 없는 상황에선 생분해성 플라스틱이 환경을 지키는 '마지막 방패' 역할을 할 수 있다는 것입니다.

1) 수거가 불가능한 곳에서는 생분해가 답이다

농촌의 현실을 생각해볼까요? 논밭에 멀칭 필름을 씌우는 일은 농사에서 꼭 필요한 작업입니다. 하지만 수확이 끝난 뒤, 이 비닐을 일일이 걷어내는 일은 쉽지 않습니다. 특히 고령 농가가 많은 현실에선, 폐비닐 수거는 거의 불가능에 가깝습니다. 만약 멀칭 필름이 땅속에서 자연히 분해된다면, 농민들의 부담도 줄고 토양 오염도 예방할 수 있습니다.

해양은 더 심각합니다. 어망이나 부표 같은 어구가 바다에 버려지거나 유실되면, 수십 년 동안 그물에 걸려 죽는 해양 생물이 생겨납니다. 앞선 장에서 살펴보았던 고스트 피싱(ghost fishing)입니다. 바다에 버려진 플라스틱은 수거도 어렵고, 그대로 수십 년 이상 잔류합니다. 이럴 때 생분해성 플라스틱이 있다면, 바다에서 스스로 사라져 생태계를 보호할 수 있습니다.

반대로, 재사용이 가능한 다회용 물건이나 전자기기, 자동차 부품 등에 굳이 생분해성 소재를 쓸 필요는 없습니다. 오히려 그런 제품은 재활용이 용이하거나 내구성이 높은 비생분해성 플라스틱이 더 적합할 수 있습니다. 이처럼 생분해성 플라스틱은 "모든 플라스틱을 대체하자"라는 주장이 아닙니다. 오히려 "도저히 수거할 수 없는 곳에만 똑똑하게 쓰자"라는 매우 실용적인 접근입니다.

멀칭 필름은 농업에서 흔히 쓰이는 잡초 억제용 검은색 필름을 말합니다. 하지만 현실에선 이 필름이 찢어지거나 자외선에 의해 점점 잘게 부서져 눈에 보이지 않는 미세플라스틱으로 변하는 문제가 발생합니다. 땅속에서 자연적으로 완전히 분해되지 않으면 토양을 오염시키고, 농업생태계에도 악영향을 미칠 수 있습니다.

해양도 상황이 비슷합니다. 어망, 부표, 밧줄 등 어업용 플라스틱 도구는 실수, 고의, 태풍·홍수 같은 자연재해로 인해 바다로 유실되는 경우가 많습니다. 이런 폐어구는 잘게 부서져 해양 미세플라스틱의 주요 원천이 됩니다. 실제로 넷플릭스 다큐멘터리 〈Seaspiracy〉에서 지적했듯이, 통계마다 차이는 있지만 어업용 도구가 전 세계 해양 미세플라스틱 형성에 가장 큰 비중을 차지한다는 견해가 강력히 제기되고 있습니다. 이 처럼 '자연에 유입될 수밖에 없는' 소스가 명확한 분야에서는, 생분해성 플라스틱 도입에 대한 찬반 논쟁이 상대적으로 적습니다. 오히려 학계와 환경단체, 정책 담당자들 사이에서 "이 분야만큼은 생분해성 소재를 적극 도입하자"는 공감대가 형성돼 있습니다. 실제로 유럽과 미국은 이미 어망, 부표 등 일부 어업 장비에 생분해성 플라스틱을 도입하는 정책과 연구를 추진하고 있으며, 대한민국 해양수산부도 어망용 생분해성 플라스틱 보급을 적극 추진하고 있습니다.

또 다른 예로, 대형 테마파크나 스포츠 경기장을 방문해 보면 플라스틱 컵과 남은 음식이 같은 쓰레기통에 함께 버려지는 모습을 쉽게 볼 수 있습니다. 이처럼 실생활에서 플라스틱과 음식물이 섞이는 경우는 매우 흔합니다. 그런데 이런 혼합 폐기물은 재활용도 어렵고, 소각도 어렵습니다. 음식물이 묻은 플라스틱은 선별장에서 오염된 것으로 간주되어 대부분 매립될 수밖에 없습니다. 이때 만약 컵, 포크, 접시 같은 식품 접촉 용기가 생분해성 플라스틱으로 만들어져 있다면, 음식물 찌꺼기와 함께 같이 썩혀서 퇴비화하는 방식으로 처리할 수 있습니다. 분리 선별과 세척 과정을 거치지 않아도 되므로, 현실적인 쓰레기 감량과 환경 보호 모두에 이득입니다.

이런 방식은 이미 일부 도시나 기업에서 시범 운영 중이며, 앞으로 도심 외부 수거가 어려운 야외 축제나 학교 급식, 대형 행사장 등에도 응용할 수 있는 가능성이 있습니다. 예를 들어 중국은 2020년부터 단계적으로 비닐봉투와 일회용 플라스틱 용기 사용을 제한하고 있으며, 이의 대체재로 생분해성 플라스틱 사용을 사실상 의무화하고 있습니다. 대도시에서는 이미 비닐봉투 대신 생분해성 봉투가 일반화되고 있고, 택배 포장재에도 생분해성 소재 적용이 확대되고 있습니다.

태국 또한 2021년부터 국영기업 및 관공서에서 일회용 플라스틱 사용을 금지하고, 대체재로 PLA, PBAT 등 생분해성 플라스틱의 사용을 권장 및 촉진하고 있습니다. 태국은 이를 국가적 바이오 순환경제 전략(bio-circular-green economy)의 일환으로 추진하며, 국내 바이오 플라스틱 산업 육성과 연결시키고 있습니다. 이처럼 생분해성 플라스틱은 단순한 대안이 아니라, 정책과 산업 전략이 만나는 지점에서 실질적 역할을 하고 있는 중입니다.

또 하나 중요한 점은, 현재 재활용 비율이 생각보다 훨씬 낮다는 것입니다. 전 세계적으로 생산되는 플라스틱 중 재활용되는 양은 고작 9~10% 수준에 불과합니다. 나머지는 어떻게 될까요? 일부는 소각되고, 상당수는 매립되거나 자연에 방치됩니다. 이런 현실에서 "생분해는 필요 없다"라고 단정하기엔 너무 많은 쓰레기가 제대로 처리되지 못하고 있습니다.

플라스틱 문제엔 하나의 해답이 없습니다. 플라스틱 문제를 해결하기 위해서는 다양한 방법이 동시에 쓰여야 합니다. 마치 한 가지 약으로 모든 병을 고칠 수 없는 것처럼, 플라스틱도 그 쓰임과 환경에 맞는 해법이 필요합니다. 첫 번째로, 재활용이 잘 되는 플라스틱은 기술 개발과 분리배출 시스템 개선으로 자원 순환을 극대화해야 하고, 두 번째로 생분해성이 필요한 제품은 정확히 그 위치에 도입되어야 하며, 마지막으로 플라스틱 사용 자체

[튼튼한 생분해 봉투 시제품 (출처: 한국화학연구원 KRICT)]

를 줄이는 노력이 병행되어야 합니다.

생분해성 플라스틱은 전체 해법의 일부에 불과하지만, 꼭 필요한 조각입니다. 무조건적인 비판보다는, "어디에 어떻게 쓰느냐"에 따라 달라지는 유용성을 고려할 필요가 있습니다.

3. 점점 발전하고 있는 생분해성 플라스틱

1) 차세대 생분해성 플라스틱 신기술 사례

필자들이 한국화학연구원(KRICT)이라는 정부출연 국가연구소에서 근무했던 시절, 바이오화학연구센터의 모든 연구원들이 힘을 합쳐 차세대 바이오 플라스틱 기술을 개발했습니다. 이는 환경과 기계적 성능, 두 마리 토끼를 모두 잡은 혁신적 성과입니다.

기존의 생분해성 플라스틱은 환경에는 이롭지만, 내구성이 약하다는 단점이 있었습니다. 쉽게 찢어지거나 늘어나기 때문에 일상적으로 쓰기엔 아쉬운 점이 많았습니다. 그런데 이 연구팀은 여기에 도전장을 내밀었습니다. 이들은 천연 다당류 기반의 나노결정을 사용하여, 단량체 상태에서 곧바로 중합이 가능한 지방족 폴리에스터 나노복합재 기술을 개발했습니다.

이 기술의 핵심은 자연 유래 나노필러를 활용한다는 점입니다. 예를 들어, 셀룰로스 나노결정(CNC) 같은 자연 소재를 첨가하면, 필름의 내구성이 기존보다 2배 이상 강해집니다. 게다가 기존에는 필름을 튼튼하게 만들기 위해 탄산칼슘이나 사슬 연장제 같은 첨가제를 사용했는데, 이런 물질들은 토양에 남아 오염을 일으킬 수 있습니다. 반면, 천연 유래 나노필러는 생분해되면서 자연에 부담을 덜 주는 대안으로 주목받고 있습니다.

이 기술은 연구실을 넘어 산업 현장으로 빠르게 확장되었습니다. SKC 그룹의 자회사인 SK리비오는 이 기술을 기반으로 PBAT 나노복합재 생산을 준비 중이며, 베트남 하이퐁시에 약 5억 달러를 투자해 역 7만 톤 규모의 세계 최대 생분해성 플라스틱 생산 설비를 건설 중입니다(2025년 3분기 완공 목표).

이 과정에서 한국화학연구원은 기술 제공자, SK리비오는 수지 생산자, 국내 다수의 가공업체들은 제품 제조자로 참여해, 울산을 중심으로 한 대규모 바이오 플라스틱 상용화 컨소시엄이 꾸려졌습니다. 2020년부터 2024년까지 운영된 이 프로젝트는 단순한 제품 생산을 넘어, 합성부터 사용, 폐기, 매립까지 전 생애주기를 분석하며 친환경 기준을 마련하는 데 집중했습니다. 이 과정에서 수집된 데이터는 국내 바이오 플라스틱의 인증과 라벨링 체계를 개선하는 데도 활용될 예정입니다.

요약하자면, 이 사례는 연구실에서 탄생한 기술이 실제 산업으로 연결되어 상용화에 성공한 대표적인 모범 사례입니다. 특히 천연 소재를 활용해 플라스틱의 내구성과 친환경성을 동시에 끌어올렸다는 점에서, '지속 가능한 플라스틱의 미래'를 제시한 혁신으로 평가받고 있습니다.

2) 생분해되는 기능성 식품용기

일부 독자들은 "종이팩이 플라스틱의 대안이 될 수 있지 않을까?"라고 생각할 수 있습니다. 그러나 안타깝게도 종이팩은 종이로만 이루어져 있지 않습니다. 종이의 주성분인 셀룰로스(cellulose)는 물에 매우 약해, 액체를 담기 위해서는 반드시 방수 처리가 필요합니다. 그래서 종이팩의 내부는 폴리에틸렌(PE)이나 폴리아크릴레이트(polyacrylate)와 같은 비분해성 플라스틱으로 코팅되어 있습니다.

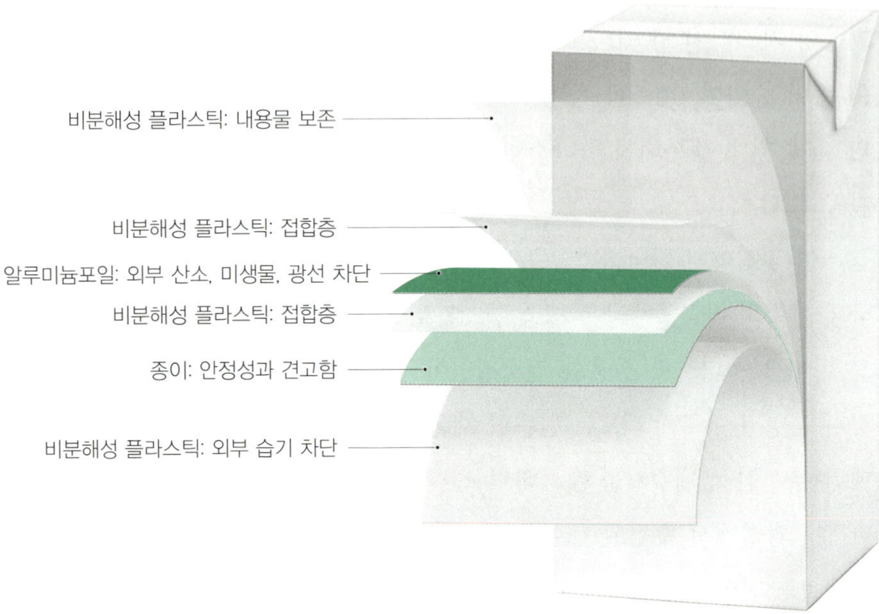

[종이팩의 다층 플라스틱 포장 실태 (출처: Realstockvector/Shutterstock)]

"그럼 종이팩으로부터 종이의 재활용이 어려운 거 아냐?"라고 생각했다면, 정답은 그렇습니다. 서로 다른 소재가 단단하게 접착되어 있으면 종이와 코팅층의 분리가 기술적으로 어렵고, 효율성이 떨어져 경제성이 없습니다. 결국 이런 종이팩은 대부분 소각되거나 매립되는 운명을 맞습니다.

비슷한 사례가 종이 빨대입니다. 플라스틱 빨대를 줄이기 위해 종이 빨대를 사용하는 시도가 있었지만, 물에 쉽게 눅눅해지고 탄산음료에 닿으면 거품이 발생하는 등의 불편함이 있었습니다. 일부 제조업체는 종이 빨대 내부에 폴리에틸렌(PE)이나 폴리아크릴레이트 등 비분해성 플라스틱을 코팅하는 방식을 사용합니다. 따라서 다수의 종이 빨대 역시 플라스틱 코팅으로 인해 실제로는 자연 분해되지 않습니다. 심지어 이러한 코팅으로 인해 재활용도 불가능하게 만들어, 오히려 환경에 더 나쁜 영향을 줄 수 있습니다. 이는 친환경을 가장한 그린워싱(greenwashing)이라는 비판을 받기도 합니다.

저자 연구 소개 1: 생분해되면서 눅눅해지지 않는 종이 빨대

물과 기름은 원래 잘 섞이지 않습니다. 이 단순한 원리가 바로 종이 빨대 코팅의 문제점과도 연결됩니다. 대부분의 종이 빨대는 제조 후 액체가 스며들지 않도록 발수성(방수성) 물질을 표면에 코팅합니다. 하지만 여기에는 큰 장벽이 하나 있습니다. 종이는 셀룰로스로 이루어져 있어 물과 잘 섞이는 친수성 물질이고, 대부분의 방수 코팅제는 기름과 친한 소수성 물질이기 때문에, 이 둘은 서로 잘 달라붙지 않습니다. 그 결과, 코팅이 얇고 불균일하게 퍼져 빨대가 물에 닿으면 금방 흐물흐물해지거나, 탄산음료를 마실 때는 표면에 '거품'이 생기는 현상이 나타날 수 있습니다.

이러한 문제를 해결하기 위해 필자들은 영리한 해결책을 고안했습니다. 바로 셀룰로스 나노크리스탈(Cellulose Nanocrystal, CNC)을 사용하는 것입니다. CNC는 나무나 식물에서 얻은 천연 나노 소재로, 종이와 같은 셀룰로스 계열이기 때문에

서로 '초록동색'이라 할 수 있습니다. 종이와 잘 섞이고 달라붙는 특성 덕분에, 종이 빨대에 생분해성 플라스틱 코팅을 할 때 CNC를 소량 첨가하면 코팅층이 훨씬 균일하고 강하게 형성됩니다.

연구진은 대표적인 생분해성 플라스틱인 PBS[Poly(butylene succinate)]에 CNC를 소량 섞어, 종이 빨대 표면에 코팅했습니다. 이로써 코팅층은 물에도 강하고 쉽게 떨어지지 않으면서, 종이와 단단히 결합할 수 있게 되었습니다. 그 결과로 만들어진 새로운 종이 빨대는 물이나 뜨거운 음료는 물론, 탄산음료를 마실 때도 표면에서 거품이 생기지 않고, 장시간 형태를 유지하는 놀라운 성능을 보여주었습니다.

게다가 이 빨대는 100% 생분해성입니다. 종이와 코팅층 모두 자연 유래 성분으로 이루어져 있어, 해양에서도 깨끗이 분해됩니다. 실제로 연구진은 포항 앞바다의 해수를 채취해 실험한 결과, 이 빨대는 약 120일 이내에 완전히 분해되었습니다.

이 기술은 단순히 기능성 향상에 그치지 않습니다. 기존 종이 빨대의 한계를 극복함과 동시에, 자연으로 완전히 돌아가는 소재라는 점에서 환경적 가치도 큽니다. 빨대 하나에서 시작된 이 기술은 향후 다양한 친환경 포장재나 일회용품에도 응용될 수 있어 더욱 기대를 모으고 있습니다.

[친환경 종이 빨대 개발 배경–셀룰로스 나노크리스탈–음료 테스트–논문표지사진]

연구 출처: Advanced Science, 2023, 10, 2205554

3) 종이 맥주병의 시대가 올까?

서두에서 우리는 유리병에 담긴 술 음료들이 여전히 자리를 지키고 있다는 이야기를 했습니다. 왜일까요? 이는 단순히 고급스러운 인상을 주기 위한 선택이 아닙니다. 알코올은 휘발성이 강하고, 향은 공기와 닿으면 빠르게 날아가며, 산소가 닿으면 금세 맛이 변하고 부패할 수 있습니다. 이러한 특성 때문에 맥주 같은 탄산 음료를 담기 위해서는 산소와 수분, 빛을 철저히 차단할 수 있는 포장재가 필요합니다. 기존의 페트(PET)병 하나만으로는 이 요건을 만족시키기 어려웠습니다.

이를 극복하기 위해 과학기술은 복합재료라는 해법을 내놓았습니다. 예를 들어, 맥주를 담은 페트병은 사실 단일한 소재가 아닙니다. 투명한 페트병 사이에 나일론 층을 얇게 넣어 산소 차단 기능을 강화하고, 햇빛을 차단하기 위해 병 전체를 갈색으로 착색한 형태가 대부분입니다. 이렇게 복합된 구조는 확실히 내용물의 신선도를 지켜주지만, 재활용이라는 측면에서는 큰 문제를 일으킵니다. 페트와 나일론은 서로 다른 성질의 고분자로, 분리

[투명페트병으로 출시된 롯데칠성의 크러시와 100% 자연 유래 종이로 개발된 맥주병
(출처: 롯데칠성, Carlsberg)]

하여 재활용하기 어렵기 때문입니다.

이에 대한 기술적 해법으로 롯데칠성음료는 최근, 나일론 차폐층을 제거한 투명 페트병 기술을 개발해 관련 특허를 출원했습니다. 구조는 간단해 보일 수 있지만, 사실 산소 차단 기능을 잃지 않으면서 재질을 단일화하는 것은 쉬운 일이 아닙니다. 투명 페트는 재활용 과정에서 수요가 가장 많은 플라스틱 중 하나이기에, 이런 변화는 산업적·환경적으로 큰 의미를 가집니다.

한편, 유럽에서는 더 과감한 시도도 진행 중입니다. 세계적인 맥주 브랜드 칼스버그(Carlsberg)는 유리병도, 플라스틱 병도 아닌, '종이 맥주병' 시제품을 공개했습니다. 단순한 종이로 만든 병이라기보다는, 고기능성 바이오 복합소재로 만들어진 이 병은 종이의 장점인 생분해성과 경량성을 살리면서, 내부에는 바이오 기반의 PEF[Poly(ethylene furanoate)]라는 식물 유래 고분자 필름을 얇게 코팅해 맥주가 새거나 맛이 변질되지 않도록 설계되었습니다.

저자 연구 소개 2: 생분해되는 종이팩

종이의 주 성분인 셀룰로스 자체는 플라스틱보다 뛰어난 산소 및 이산화탄소 차단 능력을 가지고 있습니다. 재료 자체만 놓고 본다면 오히려 더 우수할 수도 있는 셈입니다. 문제는 종이의 구조입니다. 현미경으로 종이를 들여다보면, 마치 수세미처럼 미세한 구멍들이 송송 뚫려 있습니다. 이 구멍을 통해 공기와 수분이 쉽게 드나들기 때문에, 아무리 셀룰로스가 좋은 물질이라도 종이 그대로는 식품을 오래 보관하기 어렵습니다.

그래도 종이니까, 재활용도 되고 자연에서도 잘 분해될 것이라고 생각할 수도 있습니다. 그런데 우유 팩이나 주스 팩처럼 액체를 담는 종이 포장재의 내부를 들여다보면, 알루미늄이나 플라스틱이 여러 겹으로 코팅되어 있는 경우가 많습니다. 이처럼 종이와 비분해성 소재가 단단히 붙어 있으면 재활용도 어렵고, 생분해도 되지 않습니다. 분리조차 힘들기 때문에 대부분은 매립되거나 소각 처리될 수밖에 없지요.

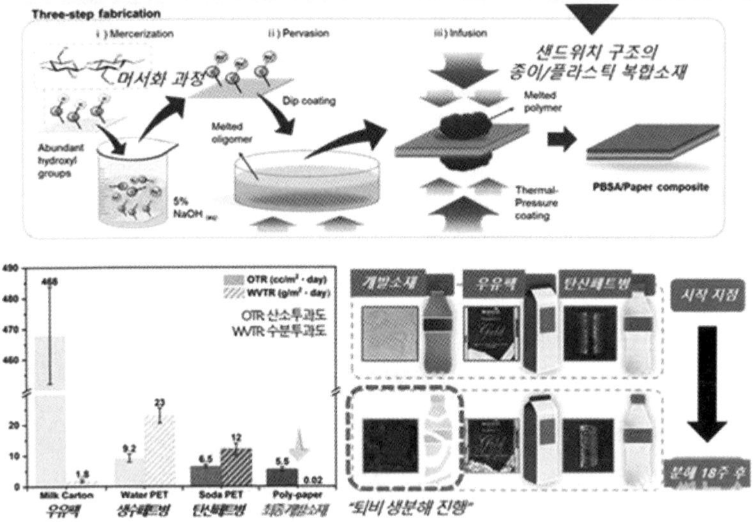

[샌드위치 구조의 종이/생분해플라스틱 복합화를 통해 탄산이 빠지지 않는 포장재 개발]

재활용도 되고 생분해도 되는, 진짜 친환경 포장재의 등장

이러한 문제를 해결하기 위해, 필자들이 공동 연구한 결과물 중 하나가 바로 생분해성 종이 맥주병입니다. 맥주를 담는 병은 특별히 까다로운 용기입니다. 맥주 안에는 알코올도 있고, 톡 쏘는 탄산도 있으며, 햇빛에 민감한 홉의 성분도 들어 있죠. 그래서 병은 단순히 액체를 담는 그릇이 아니라, 산소와 수분, 빛까지 철저히 막아야 하는 복합 기능 포장재입니다.

연구팀은 이런 요구 조건을 만족하면서도 재활용과 생분해까지 가능한 새로운 종이 복합소재를 개발했습니다. 핵심은 종이의 내부 구조를 바꾸는 머서화(mercerization)입니다. 이 과정을 거치면 종이는 스펀지처럼 더 많은 코팅제를 받아들일 수 있는 상태가 됩니다. 이 상태에서 짧은 사슬 구조의 생분해성 플라스틱으로 1차 코팅을 하고, 그 위에 다시 한번 생분해성 플라스틱으로 2차 코팅을 하는, 이른바 '샌드위치 구조'로 포장재를 완성했습니다.

이 복합 구조는 기존 플라스틱 병보다 더 치밀하게 기체와 수분을 차단할 수 있으며, 굽힘이나 충격에도 강해 실사용 중에도 성능을 유지할 수 있습니다. 무엇보다, 이 재료에 쓰인 모든 성분은 생분해성이며 자연으로 돌아갈 수 있는 물질로 구성되었습니다. 실제로 18주간 퇴비화 조건에서 분해 실험을 진행한 결과, 이 종이 맥주병의 약 70%가 분해되었습니다. 이는 단순히 '버릴 수 있는' 포장재가 아니라, '환경과 공존할 수 있는' 포장재의 가능성을 보여주는 증거입니다.
지금까지 종이는 물에 약해서 식품 포장재로 쓰기 어려웠고, 그래서 결국 플라스틱이나 금속을 코팅해 사용하게 되며, 그로 인해 재활용과 생분해가 모두 어려운 모순적인 포장재가 되어버렸습니다. 하지만 셀룰로스를 다시 이해하고, 종이의 구조를 바꾸며, 자연과 조화를 이루는 소재를 조합한다면, 종이도 플라스틱을 뛰어넘는 새로운 가능성을 열 수 있습니다.
생분해되는 종이 포장재, 그 미래는 이미 시작되고 있습니다.

연구 출처: Chemical Engineering Journal, 2023, 484, 149651

4. 생분해성 플라스틱, 쓰레기가 아닌 에너지로 다시 태어나다

생분해성 플라스틱은 단순히 자연에서 분해되는 것으로 끝나지 않고, 그 분해 과정에서 새로운 에너지를 만들어낼 수 있는 가능성까지 품고 있습니다. 우선 생분해성 플라스틱은 자연에서 미생물에 의해 분해될 수 있는 성질을 가지고 있어, 기존 분해되지 않는 석유계 플라스틱보다 환경에 훨씬 부담이 덜한 소재입니다. 미생물에 의해 환경 속에서 자연스럽게 분해되어 결국에는 이산화탄소(CO_2)로 돌아갑니다.

하지만 생각해 보면, 그 많은 유기물이 그냥 분해되어 기체로 날아가버린다는 건 어디선가 활용할 수 있는 가능성을 놓치는 셈이기도 합니다. 특히 우리가 에너지를 아끼고 대체 수단을 찾고 있는 지금 같은 시대엔 더욱 그렇습니다.

"정말 이산화탄소만 방출되고 끝일까?", "생분해 과정에서 뭔가 더 얻을 수는 없을까?"라는 고민에서 출발한 것이 생분해성 플라스틱을 '에너지 생산 자원'으로 다시 바라보는 시도, 즉 혐기 발효(anaerobic digestion)라는 생물학적 재활용 기술입니다.

1) 혐기 발효란?

이처럼 최근에는 생분해성 플라스틱을 단순히 버리는 것이 아니라, 에너지로 다시 활용하려는 생물학적 재활용 방법이 주목받고 있습니다. 혐기 발효란, 산소가 없는 조건에서 미생물이 유기물[1]을 분해하여 메탄(메테인, CH_4)과 같은 바이오가스를 만들어내는 과정을 말합니다. 이 메탄은 우리가 사용하는 천연가스와 화학적으로 동일한 가스로, 전기, 열, 연료 등 다양한 에너지로 활용될 수 있습니다.

현재 혐기 발효는 주로 음식물 쓰레기 처리에 활용되고 있습니다. 버려지는 음식물 찌꺼기를 혐기 발효 시스템에 넣으면, 미생물이 이를 분해하며 메탄가스를 발생시키고, 이 가스를 소형 발전기나 보일러에 활용해 전기나 열을 생산합니다.

생분해성 플라스틱의 또 하나의 장점은, 음식물 쓰레기나 농업 폐기물과 함께 혐기 발효 시스템에서 처리할 수 있다는 것입니다. 두 물질 모두 유기물이기 때문에, 같은 시스템에서 함께 분해되며 더 많은 양의 바이오가스를 만들어낼 수 있습니다. 이렇게 되면, 폐기물을 줄이면서 에너지도 얻는 일석이조의 효과를 얻을 수 있습니다. 버려질 플라스틱이 에너지로 '재탄생'하는 것이죠.

정리하자면, 생분해성 플라스틱은 그 자체로 친환경일 뿐 아니라, 에너

1 유기물은 탄소(C)를 기본 골격으로 하며, 수소(H), 산소(O), 질소(N) 등이 결합된 물질입니다. 주로 생물체에서 유래하거나 생물의 활동으로 생성됩니다. 나뭇잎, 과일, 음식물 찌꺼기, 종이 등이 이에 해당하며, 반대로 금속, 모래, 흙, 유리 등은 무기물로 분류됩니다.

지원으로도 활용될 수 있는 다기능 소재입니다. 물론 이 활용이 일반화되기 위해서는 혐기 발효 시스템의 설비 확대와 분리수거 및 처리 인프라의 정비가 필요하지만, 미래의 자원순환형 사회에서 생분해성 플라스틱이 차지할 역할은 분명히 커질 것으로 보입니다.

6장

기술은 플라스틱을 다시 구할 수 있을까?

미래에서 온 플라스틱

1. 살육과 남용을 막기 위한 플라스틱, 비건 레더

세계적인 명품 브랜드들이 동물 가죽을 버리고, 사과, 파인애플, 선인장, 버섯 같은 식물로 만든 비건 레더(vegan leather)로 런웨이를 채우고 있습니다. 발렌시아가는 루나폼으로 만든 비건 코트를 선보이며 주목받았고, 구찌는 가수 빌리 아일리시와 손잡고 비건 핸드백을 내놓았습니다. 가죽이 더 이상 동물에게서 오는 것이 아니라, 식물로부터 만들어지는 시대, 지금 패션의 미래가 달라지고 있습니다.

인류는 선사시대부터 동물의 가죽을 옷과 도구로 활용해 왔습니다. 이러한 전통은 현대까지 이어져, 가죽은 패션과 생활용품에서 중요한 소재로 자리매김했습니다. 그러나 동물 복지와 환경 보호에 대한 관심이 높아지면서, 비건 레더에 대한 수요와 관심이 증가하고 있습니다.

비건 레더는 동물성 가죽을 대체하기 위해 식물성 재료를 사용해 만든 가죽을 뜻합니다. 이는 동물을 희생하지 않으면서도 가죽과 비슷한 질감과 내구성을 제공하는 대안 소재입니다. 비건 레더는 동물 가죽뿐만 아니라 석유 화학 플라스틱 및 고무 소재인 폴리우레탄(PU), 폴리염화비닐(PVC) 등의 인조 가죽과도 구별되며, 주로 천연 식물성 재료를 활용해 환경에 부담을 덜 주는 방향으로 개발되고 있습니다. 비건(vegan)은 완전 채식주의자를 뜻하고, 레더(leather)는 가죽을 뜻하죠. 이 두 단어를 합친 비건 레더는 동물 보호와 윤리적인 소비를 지향하며, 환경에 더 나은 선택을 제공하는 제품입니다.

1) 동물 복지와 가축 도살, 환경 오염

가죽은 가축의 피부를 벗겨 가공한 제품입니다. 이를 얻기 위해 매년 수많은 동물들이 도살됩니다. 동물들이 도살 과정에서 비윤리적인 방법으로 다뤄지기도 하며, 이는 동물 복지에 대한 심각한 문제를 제기합니다. 일부 농장에서는 밀집 사육과 비위생적인 환경 때문에 동물들이 고통받는 경우도 많습니다.

가죽 생산의 또 다른 문제는 축산업이 배출하는 온실가스입니다. 소와 같은 반추동물은 소화 과정에서 많은 양의 온실가스를 배출합니다. 소 한 마리를 키우는 데 필요한 물의 양은 큽니다. 소고기 1kg을 생산하는 데 약 15,000리터의 물이 사용되며, 가죽 생산도 그와 같은 축산 과정에 포함됩니다. 가축을 기르기 위해 열대우림을 개간하는 일도 빈번히 발생합니다. 특히 아마존 열대우림이 목초지로 바뀌면서 탄소 흡수원이 줄어들고 지구의 생태계가 파괴되고 있습니다.

가죽은 가축의 피부를 그대로 사용하는 것이 아니라, 여러 가지 화학적 처리를 통해 부패를 방지하고, 부드러운 질감과 색을 입히는 가공 과정을 거칩니다. 하지만 이 과정에서도 심각한 환경 오염이 발생합니다. 가죽 가공 과정에서 사용되는 대표적인 화학물질은 크로뮴(chromium)입니다. 크로뮴은 가죽을 방부 처리하고 부드럽게 만드는 데 필수적이지만, 6가 크로뮴과 같은 독성이 강한 형태는 인간과 환경에 매우 해롭습니다. 크로뮴이 제대로 처리되지 않은 채 폐수로 배출되면 강과 호수를 오염시킵니다. 가죽 염색 공정에는 막대한 양의 물이 필요합니다. 1톤의 가죽을 생산하는 데 약 50,000리터의 물이 사용되며, 이 물은 염색이 끝난 후 폐수로 버려집니다.

2) 비건 레더의 재료

비건 레더는 다양한 천연 식물성 재료에서 유래합니다.

파인애플 잎

피나텍스(Piñatex)는 파인애플 수확 과정에서 버려지는 잎에서 섬유를 추출해 만든 비건 레더입니다. 가볍고 내구성이 강해 실제 가죽을 대체할 만한 소재로 각광받고 있습니다.

사과 껍질

사과 주스 생산 과정에서 버려지는 사과 껍질을 재활용해서도 비건 레더가 만들어집니다. 이 소재는 부드러운 질감과 다양한 색상을 구현할 수 있어 패션 산업에서 큰 주목을 받고 있습니다.

버섯 균사체

버섯의 뿌리와 균사체를 활용해 비건 레더를 만들 수 있습니다. 버섯 균사체는 가죽과 유사한 질감을 제공하며, 친환경적이면서도 천연 가죽의 외관을 뛰어나게 재현합니다.

[버섯균사체를 활용한 비건 레더로 만들어진 신발 (출처: perfectlab/Shutterstock)]

선인장

선인장의 잎을 가공해 만든 비건 레더는 물 사용량이 적고 가뭄에 강한 선인장의 특성을 살려 환경 친화적입니다. 특히 지속 가능한 소재로서 주목받고 있습니다.

4) 비건 레더가 나아가야 할 방향

비건 레더는 친환경적인 대안으로 주목받고 있지만, 아직 해결해야 할 기술적 과제가 많습니다.

먼저 충분한 기계적 강도와 내구성을 확보해야 합니다. 일부 식물 기반 비건 레더는 천연 가죽이나 고급 인조가죽에 비해 내마모성, 인장강도, 수명이 낮습니다. 특히 반복적인 굴곡이나 마찰에 약해 고급 제품이나 산업용으로는 적용이 제한될 수 있습니다.

두 번째, 실질적인 탄소 배출 저감의 효과를 높이는 것입니다. 비건 레더가 친환경이라는 이미지에도 불구하고, 모든 제품이 반드시 탄소 배출을 줄인다고 볼 수는 없습니다. 가공 공정에서 사용하는 접착제, 플라스틱 바인더, 에너지 소비량, 방수성 확보를 위한 표면처리 등에 따라 오히려 탄소 발자국이 커지는 사례도 존재합니다. 특히 일부 제품은 천연 원료에 소량의 PU나 합성수지를 혼합해 내구성을 높이기도 하며, 이 경우 생분해성에도 의문이 제기됩니다.

마지막으로, 비용 및 대중화 문제를 극복해야 합니다. 현재 대부분의 비건 레더는 생산 단가가 높아 대량생산이 어려우며, 패션 및 프리미엄 브랜드 중심으로 사용되고 있습니다. 대중적인 소재로 확산되기 위해서는 생산 공정의 에너지 효율화와 재료비 절감이 필수입니다.

5) 인조 가죽과 비건 레더의 차이

비건 레더와 인조 가죽은 동물 가죽을 대체하는 공통점이 있지만, 제작 재료와 환경적 영향에서 큰 차이가 있습니다.

인조 가죽은 주로 폴리우레탄(PU)이나 폴리염화비닐(PVC) 같은 합성 소재를 사용하여 만들어집니다. 이 소재는 석유 기반 화학물질을 활용하기 때문에 제작 과정에서 몇 가지 문제점을 드러냅니다.

가장 큰 위협은 인조 가죽의 제조 과정에서 발생할 수 있는 휘발성 유기 화합물(VOCs)입니다. VOCs는 대기 오염의 원인이 될 수 있고, 작업자들의 건강에도 악영향을 미칠 수 있습니다. 기능적 한계도 있습니다. 인조 가죽은 천연 가죽과 유사한 외관과 감촉을 제공하지만, 통기성과 습도 조절 기능이 부족합니다. 이로 인해 착용감이나 사용 시 불편함이 발생할 수 있습니다. 마지막으로 인조 가죽은 합성 화학 물질로 만들어지기 때문에 자연에서 분해되는 데 수백 년이 걸립니다. 이는 환경에 장기적으로 큰 부담을 주는 요소 중 하나입니다.

하지만 모든 인조 가죽이 나쁜 것은 아닙니다. 최근에는 PU와 같은 합성 수지를 기반으로 하더라도, 재활용 가능성이 높고, 유해 화학물질의 사용을 줄인 '친환경 인조 가죽'도 개발되고 있습니다. 특히, 제조 공정에서 용제를 사용하지 않거나 수성 기반으로 전환한 경우, 휘발성 유기 화합물 배출을 크게 줄일 수 있습니다. 또, 인조 가죽은 천연 가죽보다 생산에 필요한 물과 에너지가 적고, 동물 윤리 문제에서도 자유롭다는 장점이 있습니다.

결론적으로, 비건 레더가 무조건 인조 가죽보다 '더 친환경적'이라고 말할 수는 없습니다. 오히려 중요한 것은 어떤 원료를 사용하는지보다, 그것이 재활용 가능한지, 독성이 없는지, 사용 후 폐기 방식이 친환경적인지에 달려 있습니다. 따라서, 합성 수지를 적절히 관리하고 재활용하는 기술과 시스템이 뒷받침된다면, 인조 가죽도 충분히 지속가능한 소재로 자리 잡을 수 있습니다.

2. 박테리아가 플라스틱을 먹는다고?

우리가 매일 쓰고 버리는 플라스틱은 자연에서 쉽게 사라지지 않습니다. 최근 캘리포니아 주립대학교 연구진은 일반적인 플라스틱이 햇빛(자외선), 열, 미생물 등 다양한 요인에 의해 연간 0~11μm(마이크로미터)씩 아주 느리게 분해된다는 사실을 밝혔습니다.[1] 만약 두께 1mm의 플라스틱 필름이 있다면, 완전히 사라지기까지 수백 년이 걸리는 셈입니다. 이처럼 느린 분해 속도는 결국 지구 표면 위에 플라스틱이 쌓이는 것을 막지 못하게 됩니다.

1 https://pubs.acs.org/doi/full/10.1021/acssuschemeng.9b06635
ACS Sustainable Chemistry & Engineering 8.9 (2020): 3494–3511.

앞서 살펴본 것처럼, 고생대에는 나무조차 썩지 않았지만, 미생물은 수억 년의 진화를 통해 셀룰로스와 리그닌을 분해할 수 있게 되었습니다. 그렇다면 플라스틱 역시 언젠가는 미생물이 분해할 수 있는 날이 오지 않을까요? 물론 가능성은 있습니다. 하지만 우리는 그 긴 시간을 기다릴 수 없습니다. 그래서 과학자들은 그 과정을 앞당기기 위해 분투하고 있습니다.

놀랍게도, 최근 연구들은 이미 플라스틱을 분해할 수 있는 미생물과 곤충을 찾아내고 있습니다. 예를 들어, 쓰레기 매립지에서 채취한 일부 미생물들은 PET(페트병 소재)를 분해할 수 있는 능력을 가지고 있는 것으로 나타났습니다. PET는 생물의 세포막을 구성하는 인지질과 유사한 '에스터 결합'을 가지고 있어, 이 결합을 인식해 분해할 수 있었던 것으로 보입니다. 풍부한 플라스틱 쓰레기로 가득한 환경이 이들의 분해 능력을 진화시켰을지도 모릅니다.

또한, 꿀벌집에 기생하는 벌집나방 애벌레도 흥미로운 사례입니다. 이 애벌레는 벌집의 밀랍(wax)을 먹고 자라며, 장 속에 공생하는 미생물이 이 왁스를 분해합니다.[2] 그런데 이 왁스의 화학 구조가 LDPE(저밀도 폴리에틸렌)와 유사하다는 점에 주목한 연구자들은, 이 미생물이 LDPE도 함께 분해할 수 있다는 사실을 밝혀냈습니다.

이와 유사하게, 죽은 나무에서 살아가는 곤충의 애벌레들도 주목받고 있습니다. 이들 곤충은 나무 속 리그닌(lignin)을 분해하기 위해 특화된 장내 미생물을 갖고 있는데, 리그닌은 벤젠 고리를 포함하는 복잡한 고분자 구조로, 스티로폼(PS)과 유사한 특징을 지닙니다. 실제로 스티로폼을 분해하는 곤충들이 발견되었고, 그 분해 주체는 바로 장내 미생물로 밝혀졌습니다.

2 Front. Microbiol., 21 April 2020, Sec. Microbiotechnology, Volume 11 – 2020 | https://doi.org/10.3389/fmicb.2020.00442

그러나 이러한 곤충들이 분해하는 플라스틱의 양은 극히 미미합니다. 애벌레 한 마리가 하루에 분해할 수 있는 플라스틱의 양은 마이크로그램 수준에 불과합니다. 수천 마리를 동원하더라도, 페트병 하나를 분해하려면 며칠 이상이 걸릴 것입니다. 그래서 과학자들은 이 미생물 자체를 대량 배양하거나, 이들이 분비하는 분해 효소를 대규모로 생산하여 플라스틱 분해에 활용하는 기술 개발에 집중하고 있습니다.

이러한 연구는 아직 초기 단계이지만, 생물학적 분해 기술이 언젠가는 플라스틱 문제 해결의 중요한 실마리가 될 수도 있습니다. 단, 그 가능성을 현실로 만들기 위해선 미생물 진화의 속도를 과학의 힘으로 당겨야만 합니다.

3. 섞이지 않는 플라스틱을 섞다

우리가 버린 플라스틱이 다시 자원으로 쓰이려면, 먼저 잘 모으고, 잘 녹이고, 다시 잘 섞어서 새로운 제품으로 만드는 과정이 필요합니다. 그런데 여기엔 아주 큰 걸림돌이 하나 있습니다. 서로 다른 플라스틱은 잘 섞이지 않는다는 점이죠.

앞선 장에서 다룬 적이 있듯이, 이 현상은 '엔트로피와 엔탈피의 싸움'으로 설명합니다. 물질이 섞일수록 무질서해지는 성질, 즉 엔트로피가 증가하는데, 플라스틱은 '고분자'라는 아주 긴 줄 같은 구조를 갖고 있어, 자유롭게 섞이는 데 방해가 됩니다. 작은 분자들은 쉽게 움직이며 섞이지만, 고분자는 긴 사슬 구조로 서로 얽혀 있고 덩치도 커서, 섞을 때 필요한 에너지가 너무 많아집니다. 즉, 엔트로피 증가에 기여할 여지가 거의 없는 것이죠.

노벨화학상을 받은 과학자 폴 플로리(Paul Flory)는 물질이 섞일 때의 엔트로피 증가량을 아주 흥미로운 비유로 설명했습니다. 그는 이 혼합 과정을 마치 바둑판 위에 흰돌과 검은돌을 놓는 일로 생각했습니다. 기체나 액체처럼 작은 분자들이 섞일 때는, 바둑판 위에 돌을 하나씩 아무 곳에나 놓는 것과 비슷합니다. 돌을 놓는 방법, 즉 배열의 경우의 수가 매우 많기 때문에 엔트로피 증가량이 큽니다. 그래서 일반적으로 기체나 액체는 잘 섞이는 성질을 보입니다. (물과 기름처럼 분자의 성격–즉, 극성이 완전히 달라 서로 밀어내는 경우는 예외입니다.)

[1974년 노벨 화학상 수상자 폴 플로리]

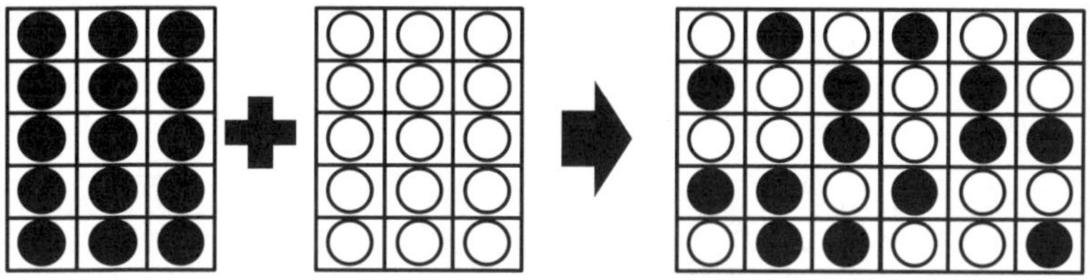

검은색과 흰색 작은 분자 혼합

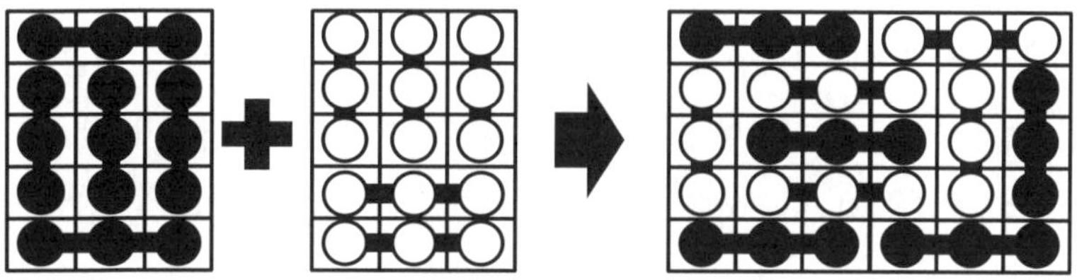

검은색과 흰색 고분자 혼합

[섞이기 어려운 고분자]

그러나 고분자는 돌 하나가 아니라 여러 개의 돌이 줄줄이 연결된 긴 사슬과 같습니다. 이 사슬을 바둑판 위에 놓으려면, 연결된 돌들이 이어져야 하므로 가능한 자리 배치가 훨씬 제한됩니다. 결국 만들 수 있는 경우의 수가 급격히 줄어들어, 엔트로피 증가량이 적습니다. 플로리는 이러한 단순한 '격자 모형(lattice model)'을 통해, 왜 고분자 혼합물에서는 엔트로피 효과가 작아지고, 결과적으로 서로 잘 섞이지 않는지를 처음으로 수학적으로 설명했습니다.

반면, 엔탈피는 쉽게 말해 플라스틱 간의 성격(궁합) 차이입니다. 어떤 플라스틱은 물을 좋아하고, 어떤 것은 기름을 좋아합니다. 이런 성격이 다르면 서로 잘 어울리기가 어렵습니다. 화학적으로 구조가 비슷한 플라스틱끼리는 잘 섞이지만, 그렇지 않으면 마치 물과 기름처럼 따로 놀게 됩니다.

결국, 덩치가 커서 엔트로피에도 기여를 못하고, 성격이 달라 엔탈피도 불리한 조건에서는 플라스틱끼리 섞이지 않게 되는 것입니다. 그래서 지금까지 다양한 폐플라스틱을 모아서 한 번에 재활용하려 해도, 품질이 낮거나 성능이 불균일해 다시 제품으로 만들기 어려웠던 겁니다.

그런데 최근, 미국 콜로라도 주립대의 과학자들이 이 문제를 해결할 수 있는 획기적인 기술을 개발했습니다. 서로 다른 플라스틱을 친하게 만들어 주는 중재자 분자를 발견한 것입니다. 일종의 과학적 '뚜쟁이'입니다.

이 중재자는 겉보기엔 단순한 가루처럼 보이지만, 열이나 빛 같은 자극을 받으면 카르벤(Carbene)이라는 매우 반응성이 높은 분자로 바뀌어, 플라스틱 사슬 사이에 끼어들어 연결을 돕습니다. 마치 서로 대화가 안 되던 사람들 사이에 통역사가 들어와 다리를 놓아주는 것처럼 말입니다.

중재자 분자 덕분에 서로 얽히지 않던 플라스틱 사슬들은 다중 블록 구조로 짜이듯 단단히 엮일 수 있습니다. 놀라운 점은 이렇게 만들어진 혼합

플라스틱이 강도도 높고, 다시 녹여서 재성형도 가능하다는 것입니다. 마치 벨크로처럼, 필요할 땐 붙었다가 다시 떨어질 수 있어 재활용성을 크게 향상시킵니다.

이 기술이 상용화되면, 지금껏 섞이지 않아 버려졌던 수많은 플라스틱(포장재, 필름, 식품 용기 등)이 하나의 자원으로 재탄생할 수 있습니다. 결국 이 중재자 기술은, 플라스틱의 두 번째 인생을 더 오래, 더 유연하게, 더 친환경적으로 열어주는 열쇠가 되어줄 것입니다.

4. 변신하는 플라스틱: 비트리머와 자가치유 소재

1) 재활용의 새로운 가능성, 비트리머

플라스틱도 변신할 수 있을까요? 최근 플라스틱 세계에 아주 특별한 신인이 등장했습니다. 비트리머(vitrimer)라는 이름의 신기한 플라스틱은 그 특성이 마치 열가소성과 열경화성 사이에 있는 듯한, 새로운 개념의 소재입니다.

앞서도 언급했지만, 플라스틱은 크게 두 가지로 나뉩니다. 열가소성 플라스틱은 열을 가하면 말랑해지고, 식으면 다시 굳습니다. 점토처럼 여러 번 재성형할 수 있다는 장점이 있죠. 우리가 흔히 사용하는 PET 병, 비닐봉지, 전선 피복 등이 여기에 속합니다. 하지만 단점도 있습니다. 높은 온도에서는 쉽게 녹아버리기 때문에 냄비 손잡이처럼 뜨거운 환경에서는 사용할 수 없습니다.

반대로 열경화성 플라스틱은 한 번 형태가 굳으면 다시 녹지 않습니다. 오븐에 구운 도자기처럼 단단하게 고정되죠. 전기밥솥 손잡이, 전자기기 내장재, 항공기 부품처럼 고열에 노출되는 환경에 쓰이지만, 문제는 재활용이 불가능하다는 점입니다. 모양을 바꾸려면 부수는 수밖에 없고, 대부분 소각되거나 매립됩니다.

이처럼 기존의 플라스틱은 '잘 녹지만 약한 점토'이거나, '튼튼하지만 다시 못 쓰는 도자기' 중 하나였습니다. 그런데 등장한 것이 이 비트리머 소재입니다.

비트리머는 200~300℃의 고온에서도 단단함을 유지할 수 있어, 냄비 손잡이처럼 고온 환경이 필요한 부품에도 충분히 사용 가능합니다. 하지만 이보다 더 높은 온도나 특정 자극이 가해지면, 내부 구조가 바뀌며 마치 열가소성처럼 모양을 바꿀 수 있게 되는 특성을 가집니다. 즉, 견고함과 유연함을 상황에 따라 바꿀 수 있는 '변신형 플라스틱'이라고 할 수 있습니다.

열경화성 수지는 분자들이 영원히 풀리지 않는 매우 단단한 줄로 이어져 있습니다. 그래서 녹지도 않고 재형성도 불가능하죠. 반면 비트리머는 느슨한 매듭을 가진 플라스틱입니다. 이 매듭은 평소엔 단단하게 작용하지만, 특정한 열이나 화학 자극을 받으면 잠시 풀렸다 다시 묶이는 구조를 가집니다. 이러한 결합을 동적 공유 결합(dynamic covalent bond)이라고 부릅니다. 덕분에 비트리머는 필요할 때는 단단하고, 필요할 때는 유연하게 바뀔 수 있는, 일종의 스마트 소재로 진화한 셈입니다.

이처럼 비트리머는 기존의 플라스틱처럼 손쉽게 재활용할 수 있는 것은 물론이고, 한 번 만든 제품을 수리하거나 부분만 고쳐 쓰는 것도 가능합니다. 마치 찢어진 옷을 꿰매거나, 낡은 의자를 리폼하듯 말이죠. 특히, 반복적으로 녹였다 붙였다 해도 물성이 잘 유지되어 품질이 균일한 재활용이 가능하다는 점에서 큰 주목을 받고 있습니다.

아직은 연구 개발 단계이지만, 전자제품, 자동차, 항공기, 심지어 친환경 포장재에 이르기까지 다양한 산업 분야에서 비트리머의 활용 가능성이 기대되고 있습니다.

미래의 플라스틱 순환 경제를 여는 핵심 열쇠가 될지도 모릅니다.

2) 알아서 낫는 플라스틱, 자가치유 소재

비트리머가 높은 온도에서 리폼 가능한 '스마트 도자기'라면, 자가치유 플라스틱은 그야말로 무생물인데 '살아 있는 피부'처럼 작동하는 소재입니다. 가벼운 스크래치, 미세한 균열, 혹은 표면이 살짝 찢어졌을 때, 특별히 손을 대지 않아도 저절로 회복됩니다. 마치 손등의 상처가 며칠 지나면 아물듯, 자가치유 플라스틱은 실온에서도 스스로 복원되는 능력을 지녔습니다.

이 개념을 이해하는 데 좋은 예가 있습니다. 마블 영화의 울버린, 혹은 배우 이병헌이 열연했던 영화 터미네이터 속 T-1000 로봇을 떠올려보세요. 이들은 상처를 입더라도 순식간에 원상 복구되며, 외부 공격을 버텨내는 경이로운 복원력을 보여줍니다. 물론 영화 속 기술은 과장된 판타지지만, 자가치유 플라스틱이 추구하는 방향은 바로 이러한 '스스로 치유하는 힘'을 현실에 구현하는 데 있습니다.

비트리머와 자가치유 플라스틱은 모두 다이나믹 결합의 원리를 바탕으로 만들어졌습니다. 하지만 이 결합이 언제, 어떻게 작동하느냐에 따라 전혀 다른 성능을 발휘합니다. 단단하게 묶여 있지만, 필요할 땐 풀어졌다가 다시 이어질 수 있는 것이 다이나믹 결합이라고 소개했는데, 이 결합이 비트리머에선 고온, 자가치유 플라스틱에선 실온에서 다른 방식으로 작동합니다. 이를 통해 플라스틱이 재사용 가능하고, 회복력 있는 소재로 변화되고 있는 셈입니다.

[비트리머와 자가치유 플라스틱의 비교]

구분	비트리머 (vitrimer)	자가치유 플라스틱 (self-healing polymer)
다이나믹 결합 작동 온도	고온(200~300℃)	실온(20~30℃)
작동 조건	외부 자극(열, 빛 등) 필요	평상시에서도 작동
목표	재성형, 수리, 리폼	작은 손상 복원, 균열 치유
구조 변화	전체 구조 재배열 가능	국소적 복원 중심
활용 예	전자기기, 자동차 부품, 고내열 부품	웨어러블 센서, 스마트 외피, 코팅재 등

이렇게 보면, 비트리머는 '재탄생'에 적합하고, 자가치유 플라스틱은 '자기 복원력'에 특화된 소재입니다. 자가치유 소재는 특히 반복적으로 마찰을 받거나 외부 충격에 노출되는 제품에 매우 적합합니다. 예를 들면 스마트폰 커버, 웨어러블 디바이스, 소프트 로봇의 외피 같은 곳이죠. 스크래치가 나도 따로 수리하지 않아도 알아서 다시 매끈해질 수 있다면, 얼마나 편리하고 오래 쓸 수 있을까요? 이처럼 또한 자가치유 소재는 별도의 복잡한 수리 과정 없이 제품 수명을 늘리는 데 기여하며, 폐기물을 줄이고 자원의 순환을 돕는 데 중요한 역할을 할 것으로 기대됩니다.

정리하자면, 비트리머는 높은 온도에서 리폼하고 다시 쓰는 '리셋형 플라스틱'이고, 자가치유 플라스틱은 실온에서 알아서 회복하며 오래가는 '복원형 플라스틱'입니다. 두 소재 모두 기존 플라스틱이 가질 수 없었던 성질을 부여하면서, 우리가 꿈꾸는 지속 가능한 플라스틱 순환 사회의 중요한 퍼즐 조각이 되어가고 있습니다.

5. 수명 타이머가 있는 플라스틱: 플라스틱의 텔로미어를 설계하다

살아 있는 존재는 수명을 가집니다. 사람의 세포는 일정 횟수 이상 분열하지 않죠. 그 이유는 DNA의 말단에 있는 텔로미어(telomere)라는 구조물이 점점 닳아 없어지기 때문입니다. 텔로미어는 마치 생명 시계처럼, 일정 시간이 지나면 "이제 그만"이라고 알려주는 일종의 분자 알람입니다. 그렇다면 이런 개념을 플라스틱에 적용할 수는 없을까요?

플라스틱에게 '수명 타이머'를 달아준다면?

우리가 쓰는 플라스틱이 언제까지 살아 있을지 스스로 알 수 있다면 어떨까요? 사용 중에는 튼튼하게 버티고, 버려진 후에는 이제 떠날 시간을 알고 자연스럽게 분해되는 플라스틱. 이런 상상이 이제는 연구실 안에서 현실로 다가오고 있습니다. 과학자들은 이를 수명 조절형 스마트 플라스틱, 또는 텔로미어가 있는 플라스틱이라고 부릅니다.

언제 분해되는지가 중요한 이유

생분해성 플라스틱은 일반적으로 습기, 열, 미생물 등 특정 조건이 충족되면 분해를 시작합니다. 그러나 현실은 그렇게 단순하지 않습니다. 식품 포장재나 냉장/냉동 보관품은 사용 중에 그 형질을 유지하면서 외부의 충격에도 버티도록 설계되어야 합니다. 반대로 일회용 컵이나 농업용 멀칭 필름같이 버려진 다음에 빠르게 사라져야 하는 제품들도 있습니다. 따라서 "언제, 어디서, 어떻게" 분해될지를 정밀하게 설계해야 진짜 친환경 플라스틱이라 할 수 있습니다.

효소로 만든 분해 알람

가장 유망한 방법 중 하나는 플라스틱 속에 분해 효소를 미리 숨겨두는 것입니다. 평소엔 비활성 상태로 가만히 있다가 특정 조건(온도, 습도, pH 등)에 도달하면 마치 타이머가 울리듯 깨어나 분해를 시작하는 방식이죠.

UC 버클리 연구진은 PET 필름 속에 PETase 효소를 나노 단위로 균일하게 분산시켜 담지했습니다. 이 효소는 폴리머 사슬 말단에서만 작동해, 무작위 절단이 아닌 효율적인 연속 탈중합(chain-end processive depolymerization)을 유도합니다. 결과는 놀라웠습니다. 단 2%의 효소만으로도 수돗물 조건에서 수일 내 98% 이상 분해율을 달성한 것입니다.

씨앗을 품은 플라스틱: 포자 기반 분해 기술

다른 전략은 미생물의 포자(spore)를 플라스틱 내부에 담는 방식입니다. 포자는 일종의 잠자는 생명체로, 극한 환경에서도 오래 살아남으며, 조건이 맞으면 다시 미생물로 부활합니다.

미국 UCSD의 연구팀은 고온에서도 생존 가능한 고내열 박테리아 포자를 폴리우레탄 내에 열 용융 압출 공정으로 분산시켰습니다. 평소엔 아무런 반응이 없지만, 흙 속에 묻혀 수분, 영양소 등 환경 조건이 충족되면, 포자가 활성화되어 플라스틱을 분해하는 미생물로 깨어납니다. 게다가, 이 포자는 특정 조건에서 형광 단백질(GFP)을 발현하도록 유전자 조작이 되어 있어, 분해가 시작되는 시점을 시각적으로 감지할 수 있는 기능까지 갖췄습니다.

텔로미어를 가진 플라스틱, 진짜 순환을 만들다

이러한 수명 타이머 개념은 단순한 생분해를 넘어서 지속 가능한 순환

경제를 실현하는 데 매우 중요합니다. 사용 중에는 기능을 유지하다가 버려지면 스스로 분해를 시작하고, 소각이나 매립을 넘어서 자발적으로 퇴장하는 플라스틱이라니. 우리는 이제 플라스틱의 탄생만이 아니라 퇴장까지 설계할 수 있는 시대에 들어섰습니다.

미래를 향한 한 걸음

이 기술이 현실이 되기 위해선 몇 가지 과제가 남아 있습니다. 먼저 효소의 장기 안정성을 확보해야 합니다. 그리고 환경 조건별로 정밀하게 제어할 수 있는 메커니즘의 개발이 시급합니다. 연구실 환경뿐 아니라 다양한 지역 조건(해양, 토양 등)에 맞춘 실증 실험의 결과도 뒷받침되어야 할 것입니다. 그러나 이 모든 것의 출발점은 하나입니다.

"플라스틱에도 삶과 죽음의 시계를 달아주자."

플라스틱은 이제 생명처럼 태어나고, 살아가고, 사라지는 존재가 될 수 있습니다.

일본 미래를 겨냥한 '문샷 프로젝트' 플라스틱의 수명을 설계하다.

"Moonshot(문샷)"은 원래 1960년대 미국이 달 탐사선을 쏘아올린 거대한 국가 프로젝트를 가리키는 말이었지만, 지금은 그 의미가 확장되어 '기존의 상식을 깨는 대담한 도전'을 상징합니다. 일본은 2019년부터 이런 문샷 정신을 이어받아, 미래 사회에 닥칠 거대한 위협을 정면으로 겨냥하는 국가 전략형 R&D 프로그램을 본격 추진 중입니다.

문샷 프로그램은 단순한 기술 개발을 넘어, 사회 구조를 바꾸겠다는 미래계획으로 2050년을 기점으로 인류가 직면하게 될 9가지 파괴적 변화에 대응하는 목표를 설정하고 있습니다. 이 중 목표 4는 '산업사회에서 발생하는 플라스틱 폐기물이나 이산화탄소를 유용 자원으로 전환하는 혁신적 기술을 만드는 것'입니다.

그런데 방식이 독특합니다. 플라스틱을 덜 쓰자는 게 아니라, 플라스틱을 다시 설계하겠다는 겁니다. 처음부터 사라질 준비가 된 플라스틱, 환경을 감지하고 스스로 퇴장할 줄 아는 플라스틱. 과학자들은 이 특별한 생애를 설계하기 위해 수년을 들여 다양한 기술을 실험하고 있습니다. 이 목표 4 프로그램은 2020년부터 2029년까지 약 10년에 걸쳐 진행되며, 전체 예산은 5,012억 엔(약 4조 5천억 원)에 달합니다. 개별 프로젝트마다 5억 엔 정도의 연구비가 배정되며, 장기적인 시야를 가진 팀들이 참여해 각자의 해법을 실현합니다. 도쿄대, AIST, 토레이, 미쓰비시화학 같은 일본의 대표적 연구기관과 기업들이 이 미래 기술에 뛰어들었습니다.

그들이 다루는 핵심 기술은 세 가지입니다. 첫 번째는 해양에서 분해되는 나일론입니다. 어업용 그물처럼 바다에 오래 머무는 제품이, 일정 시간이 지나면 조용히 사라지도록 설계된 소재입니다. 두 번째는 빛을 받으면 분해되는 플라스틱입니다. 평소엔 튼튼하지만 햇빛을 받으면 스스로 해체되는 구조입니다. 야외 멀칭 필름 같은 곳에 활용되면 매우 유용하죠. 세 번째는 이산화탄소를 자원으로 바꾸는 기술입니다. 공기 중 CO_2를 포집해 새로운 고분자를 만들어내는 실험이 활발히 진행되고 있습니다. 탄소 문제와 플라스틱 문제를 동시에 풀어보겠다는 시도입니다.

이 모든 기술은 하나의 공통점을 가집니다. 플라스틱을 탄생부터 퇴장까지 설계하는 시대로 이끌고 있다는 점이죠. 언제 어디서 무엇으로 존재하고, 언제 어떤 방식으로 사라질지를 '살아 있는 존재'처럼 디자인하는 것입니다.

그렇다면 이런 상상을 실현하려는 노력은 일본만의 일일까요? 이제 우리도 '한국형 문샷 프로젝트'를 고민할 때입니다. 한국은 이미 세계 최고 수준의 소재 과학자들과 기업들을 보유하고 있습니다. 탄소중립, 해양 생태계 보존, 지속가능한 자원 순환경제를 실현하려면, 단기성과에 집착하기보다 10년을 바라보는 계획이 필요합니다. 일본이 '해양 플라스틱 제로'를 향해 장기 연구비를 통크게 배분했다면, 우리는 '탄소를 저장하는 플라스틱', '한국형 수명타이머 플라스틱' 같은 기술로 그 뒤를 이을 수 있습니다.

바다를 품은 나라, 소재 강국 대한민국이 지금 이 분야에서 문을 열지 않으면, 언젠가 수입 기술에 의존하는 입장이 될지도 모릅니다. 미래를 상상하는 데는 용기가 필요하지만, 미래를 만드는 데는 예산과 시간에 대한 결단이 필요합니다.

6. 무엇이든 미끄러지게 합니다: 단, 친환경적으로!

컵에 남은 케첩, 묻은 소스, 얼룩진 기름. 식품 포장재는 먹을 때는 편하지만, 재활용할 때는 골칫덩이가 됩니다. 한 번 사용한 뒤 음식물 찌꺼기가 달라붙으면 세척도 어렵고, 분리배출도 까다롭습니다. 게다가 많은 포장재는 방수성과 방오성을 높이기 위해 알루미늄, 불소계 코팅, 또는 복잡한 다층 플라스틱 필름을 씌웁니다. 결과적으로 재활용도 어렵고, 환경 오염만 가중시키는 셈입니다. 그렇다면, 음식물이 미끄러지듯 사라지고, 물도 기름도 튕겨나가며, 자연에서도 쉽게 분해되는 포장재가 있다면 어떨까요?

1) SLIPS 소재의 발견

2011년, 미국 하버드대학교의 연구진은 자연계에서 벌레잡이통풀(네펜데스)이 먹잇감을 유인하고 미끄러지게 만드는 표면 구조를 모사하여, 액체를 흡수한 미끄러운 코팅 표면을 최초로 개발했습니다 이 식물의 입구는 항

[벌레잡이통풀 네펜데스 (출처: François Mey, CC BY-SA 3.0, Wikimedia Commons)]

상 촉촉하게 젖어 있고, 그 덕분에 곤충이 미끄러져 빠져나오지 못하죠. 과학자들은 이 구조를 모방해 SLIPS(Slippery Liquid-Infused Porous Surfaces) 기술을 만들었습니다.

이 구조는 두 겹으로 구성됩니다. 첫 번째는 미세한 나노 크기의 다공성 구조를 가진 고체 기판이고, 두 번째는 그 구조 내부를 채우는 액체입니다. 이 액체는 주로 오일이며 표면에서 흘러나오지 않지만, 외부 오염물질이나 액체들이 닿았을 때 그 위를 부드럽게 미끄러지도록 도와줍니다. 오일은 구멍 안에 안정적으로 머무르면서도 표면에 미끄러운 유막을 형성해, 액체나 오염물이 표면에 달라붙지 않고 쉽게 흘러내리도록 합니다. 이러한 특성은 표면에 달라붙은 오염물질을 스스로 씻어내는 기능으로, 자가 세정 능력(self-cleaning property)이라고 불립니다. 물방울, 기름, 소스 찌꺼기 등도 남김없이 떨어져 나가 재활용까지 훨씬 쉬워집니다.

2) 한계를 극복하다

하지만 기존 SLIPS 기술은 다공성 표면이나 유동성 액체를 주로 불소계 물질 또는 화학 합성된 유기 용매를 활용하여 제작했기 때문에 환경적인 부담이 적지 않았습니다. 이에 필자를 포함한 연구진은 여기에 자연 소재를 접목한 친환경 버전의 SLIPS를 개발했습니다. 통벌레 식물의 표면처럼, 키토산이나 셀룰로스 등의 천연물질로 구성된 나노 크기의 다공성 골격을 만듭니다. 그리고 그렇게 만들어진 스펀지의 구멍과 같은 표면에, 식물성 해바라기 오일로 채워 넣습니다.

이는 기존의 석유 화학물질로 만들어진 SLIPS와 동등한 자가 세정 능력을 가집니다. 이를 식품 포장재로 활용할 경우 물방울, 기름, 소스 찌꺼기 등도 남김없이 떨어져 나가 재활용까지 훨씬 쉬워집니다. 특히 모든 소재가 생체에서 유래된 친환경 재료이기 때문에 인체에 무해하며, 식품 포장재에 적합한 안정성과 투명성을 동시에 갖추고 있어 더욱 주목받고 있습니다.

세상에서 가장 미끄러운 물질, 테플론. 그리고 과불화합물의 그림자

2020년 개봉한 실화 기반 영화 〈다크 워터스Dark Waters〉는 한 변호사가 다국적 화학기업 듀폰(DuPont)과 20년에 걸쳐 싸우며 드러난 충격적인 진실을 다룹니다. 미국 웨스트버지니아주의 농부가 기르던 소들이 집단으로 죽어 나갔고, 그 원인은 인근 화학 공장에서 배출한 PFOA(과불화옥테인산)라는 물질이었습니다.

이 PFOA는 테플론(Teflon)을 만드는 데 쓰이는 핵심 성분이었습니다. 테플론은 표면에 무엇이든 잘 달라붙지 않게 해주는 세상에서 가장 미끄러운 물질로 알려져 있습니다. 불에 타지 않고, 물에도 젖지 않으며, 기름도 스며들지 않죠. 그 뛰어난 성능 덕분에 수십 년 동안 후라이팬, 오븐 시트, 다리미, 고어텍스 등산복, 방수 신발, 비행기 부품, 자동차 엔진, 스마트폰 부품, 전선 코팅, 심지어 햄버거 포장지, 피자 상자, 일회용 종이컵에 이르기까지 광범위하게 사용되어 왔습니다.

그런데 문제는 이 물질이 한 번 만들어지면 결코 사라지지 않는다는 점입니다. PFOA는 과불화합물(Per- and Polyfluoroalkyl Substances, PFAS)이라는 더 넓은 계열에 속하는 화학 물질입니다. 이들은 탄소와 불소(플루오린)의 결합으로 이루어져 있는데, 이 결합은 자연계에서 거의 분해되지 않을 만큼 강력합니다. 그래서 PFAS는 '영원한 화학 물질(forever chemicals)'이라고도 불립니다.

이들의 분해 속도는 일반적인 플라스틱보다도 훨씬 느립니다. 예컨대 폴리에틸렌이나 PET 같은 일반 플라스틱은 자연 환경에서 자외선, 미생물 등에 의해 연간 수 마이크로미터(μm) 수준으로 아주 느리게 분해되지만, PFAS는 그보다 수십 배에서 수백 배 더 느리게 분해되거나, 사실상 분해되지 않는 수준입니다. 결국 이 물질은 토양, 지하수, 생물의 몸속에 차곡차곡 쌓이며 수십 년 이상 남게 됩니다.

환경 중 PFAS의 존재는 단순한 오염을 넘어, 인체 건강에도 심각한 위협을 줍니다. 최근 연구에 따르면 이 물질은 간 손상, 면역 기능 저하, 생식 능력 감소, 발달 장애, 특정 암 유발 위험을 증가시킬 수 있는 것으로 밝혀졌습니다. 또한, PFAS는 기체 상태로도 존재할 수 있어 강력한 온실가스로 작용하기도 합니다.

그래도 과학은 멈추지 않습니다. 다행히 이러한 문제점들이 알려지면서 과학자들과 기업들은 대체 물질을 찾고 새로운 기술을 개발하는 데 힘쓰고 있습니다. PFOA-Free 및 PFAS-Free 후라이팬이 개발되어 상용화되고 있고, 도자기 코팅, 실리카 기반 친환경 코팅제 등으로 테플론을 대체하려는 시도가 이어지고 있습니다.

식품 용기나 일회용 식기는 특히 인체에 직접 접촉되는 제품이기 때문에, 국내외 규제 역시 엄격하게 적용되고 있으며, 최근 제조사들은 PFAS를 배제한 안전한 코팅 기술로 빠르게 전환하고 있습니다. 유럽연합과 북미, 한국 등지에서는 PFAS 사용을 법적으로 제한하거나 금지하는 규제가 강화되고 있으며, 이에 따라 제품 라벨에 PFAS-Free 표기가 늘고 있습니다.

무엇보다도 중요한 점은, 모든 생활 제품이 곧바로 위험하다고 공포심을 가질 필요는 없다는 것입니다. 과거에는 무분별하게 사용되었지만, 지금은 보다 안전한 방향으로의 전환이 이미 시작되었고, 우리는 소비자로서 신중한 선택을 통해 이 변화를 함께 이끌어갈 수 있습니다.

7장

플라스틱으로 지구를 식힌다고?

탄소 저감 소재로서의 반전 가능성

1. 온실가스와 플라스틱

“지구 평균 기온이 2℃ 이상 오르면 인류는 멸종의 위기에 처할 수 있다.”

이 말은 과장이 아닙니다. 세계적인 기후과학자 10명 중 9명이 이에 동의하고 있으며, 실제로도 수많은 연구에서 확인된 사실입니다. 2015년 파리에서 열린 제21차 유엔 기후변화협약 당사국총회(COP21)에서 채택된 파리협정은 산업화 이전 대비 2℃보다 훨씬 낮은 수준으로 지구 기온 상승을 제한하고, 나아가 1.5℃ 이내로 유지해야 한다고 명시했습니다. 이후 IPCC(기후변화에 관한 정부간 협의체)는 전 세계 195개국이 참여한 보고서에서 1.5℃ 상승을 넘기지 않도록 전례 없는 대전환이 필요하다고 강조합니다.

얼마나 심각한 걸까요? 지구 평균 기온이 1.5℃ 상승하면, 북극의 얼음은 100년에 한 번꼴로 완전히 녹을 수 있지만, 2℃ 상승하면 10년에 한 번꼴로 사라진다고 예측됩니다. 또한 산호초는 1.5℃에서도 80% 이상이 죽고, 2℃에서는 거의 전멸합니다.

지구에는 매일 어마어마한 양의 이산화탄소(CO_2)가 공기 중으로 배출됩니다. 2023년 기준으로, 전 세계 사람들이 에너지를 얻기 위해 석탄, 석유 같은 화석연료를 태우면서 내뿜은 이산화탄소의 양은 약 370~400억 톤입니다. 이는 2000년대 초반보다 무려 50% 더 많아진 수치입니다.

이산화탄소만 문제가 되는 건 아닙니다. 우리가 키우는 가축, 농업, 공장에서 나오는 메탄(메테인), 아산화질소, 불화 탄소(플루오린화 탄소) 같은 기체들도 지구를 따뜻하게 만드는 온실가스입니다. 이 기체들은 무게는 적어도, 이산화탄소보다 훨씬 더 강력한 온실 효과를 낼 수 있습니다. 예를 들어 같은 양의 메탄은 이산화탄소보다 28~32배나 더 지구를 뜨겁게 만들 수 있죠!

그래서 과학자들은 다양한 온실가스를 다 합쳐서 이산화탄소로 환산해 계산합니다. 예를 들어 어떤 공장에서 이산화탄소 1톤과 메탄 0.1톤이 나왔다면, 메탄은 25배를 곱해서 2.5톤으로 계산하고, 둘을 더해서 총 3.5톤의 이산화탄소를 뿜었다고 보는 겁니다.

빌 게이츠 재단은 이런 방식으로 계산해서 지구 전체가 1년에 내뿜는 온실가스를 510억 톤 정도로 추정하고 있습니다. 그리고 2050년까지는 이 수치를 0으로 만들자, 다시 말해 그만큼 흡수하거나 줄이자는 목표를 세우고 있습니다.

이 가운데 플라스틱이 차지하는 온실가스의 비중은 약 5%입니다. 이건 전체 배출량에서 보면 작아 보이지만, 무시할 수 없는 수치입니다. 자세히 보면, 약 절반(50%)은 새 플라스틱을 만들 때, 40~45%는 플라스틱을 녹여서 물건(예: 섬유, 병, 자동차 부품 등)을 만들 때, 나머지 5% 정도는 플라스틱을 태울 때 생깁니다.

전체 온실가스 배출량에서 플라스틱이 차지하는 비중은 약 5% 정도입니다. 꽤 큰 숫자이긴 하지만, '석유로 만들어지는 물질'이라는 악명에 비하면 의외로 낮다고 느낄 독자도 있을 것입니다. 그렇다면 왜 그렇게 낮을까요?

첫 번째 이유는 소각 비중이 낮기 때문입니다. 전 세계적으로 플라스틱 폐기물의 약 40%는 매립되고, 소각되는 양은 전체의 20% 남짓입니다. 특히 미국처럼 국토가 넓은 나라는 매립에 의존하는 경향이 강하고, 이에 따라 플라스틱이 직접 타면서 발생하는 탄소량은 제한적입니다. 이는 마치 지하에 묻혀 있는 원유를 정제하여 휘발유로 만들어 태우지 않는다면, 그 탄소는 여전히 저장된 상태로 남아 있는 것과 같습니다. 다시 말해, 플라스틱이 매립되어 있는 한, 그것은 탄소 고체 덩어리로 존재합니다. 물론 썩지 않은 이 고체 덩어리가 다른 환경문제를 일으킬 수 있지만, 여기에서는 단순히 탄소 배출 관점에서만 이야기하는 것입니다. 한편, 유럽이나 아시아처럼 상대적으로 인구밀도가 높고 국토가 좁은 지역은 매립지 부족 문제로 인해 직접 소각하거나 열분해 방식으로 연료화(waste-to-energy)하는 경우가 많습니다. 이러한 경우 온실가스 배출은 훨씬 더 커지게 됩니다.

실제로 한 네덜란드 연구진은 전 세계 모든 플라스틱을 전량 소각할 경우, 플라스틱에서 기인하는 탄소 배출량이 현재의 두 배 수준으로 늘어나며, 이는 미국이 2019년 한 해 동안 배출한 전체 온실가스 총량에 해당한다고 경고했습니다. 물론 소각은 폐기물에서 에너지를 회수할 수 있다는 장점이 있지만, 결국 대기로 이산화탄소를 그대로 방출하는 방식이기 때문에, 탄소중립이라는 관점에서는 부정적인 영향을 피할 수 없습니다.

두 번째 이유는 플라스틱 생산 시 필요한 에너지가 금속에 비해 상대적으로 적다는 점입니다. 플라스틱은 비교적 낮은 온도에서 가공할 수 있는 소재이기 때문에, 생산과 성형 과정에서 소비되는 에너지가 적고, 그만큼 온실가스 배출량도 줄어듭니다. 예를 들어, 가장 흔히 쓰이는 플라스틱 중 하나인 폴리에틸렌(PE)은 1kg 생산 시 약 2.0~2.5kg의 CO_2를 배출합니다. 반면, 금속 소재인 알루미늄은 같은 1kg을 생산할 때 10~12kg의 CO_2를 배출하며, 이는 플라스틱보다 최대 5배 이상 높은 수치입니다. 이처럼 단위당 탄소 배출량이 낮다는 점은 플라스틱이 때때로 금속보다 더 환경친화적인 선택지가 될 수 있다는 반전의 근거가 됩니다.

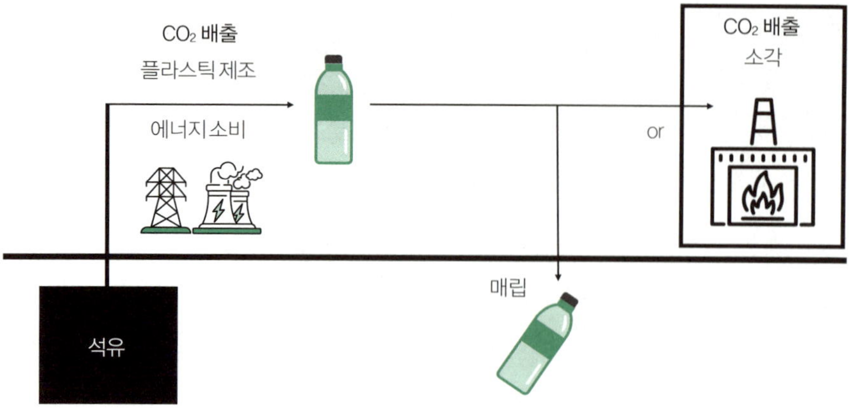

[플라스틱의 생산부터 폐기까지 간략한 흐름도]

인간의 활동(섹터)별 온실가스 배출 비중

우리가 살아가는 데 필요한 전기, 물건, 음식, 이동수단 등은 모두 에너지를 사용하고, 이 과정에서 온실가스가 생겨납니다. 그중 어떤 활동(=섹터)이 온실가스를 얼마나 많이 내는지 알아봅시다

1. 발전(약 27%)

지구에서 쓰는 전기의 약 3분의 2는 석탄이나 석유 같은 화석연료를 태워서 만들어집니다. 이때 나오는 온실가스가 전체의 27%를 차지합니다. 그래서 요즘은 태

양광, 풍력 같은 친환경 에너지로 바꾸려는 노력이 계속되고 있습니다.

2. 산업 활동(약 31%, 최대)

우리가 쓰는 시멘트, 철강, 플라스틱 같은 물건을 만들 때는 많은 에너지가 필요하고, 이 에너지를 얻는 데 주로 화석연료를 씁니다. 그래서 공장에서 나오는 온실가스가 가장 많은 것입니다. 이 문제를 줄이려면 재활용을 늘리고, 탄소를 내뿜지 않는 새로운 제조 기술이 필요합니다.

3. 농사, 나무, 가축(약 19%)

소, 돼지 같은 가축은 메탄가스를 배출하고, 농사에는 비료가 많이 쓰이는데, 이것들도 온실가스를 늘립니다. 그래서 이 분야도 꽤 큰 비중을 차지합니다.

4. 운송, 자동차, 비행기, 배(약 16%)

자동차, 트럭, 선박, 비행기 같은 교통수단도 대부분 화석연료를 사용합니다. 전기차가 점점 늘고는 있지만, 무거운 짐을 나르는 트럭이나 하늘을 나는 비행기까지 바꾸는 건 아직 어려운 숙제입니다.

5. 집과 건물(약 7%)

가정이나 사무실에서 쓰는 난방 및 냉방(에어컨, 보일러)도 온실가스를 만들어냅니다. 이 비율은 약 7%입니다.

이 숫자들을 다 더했을 때 딱 100%가 되지는 않습니다. 한 활동이 두 가지 섹터에 걸쳐 있을 수도 있기 때문입니다. 예를 들어, 공장 안에서 전기를 써서 제품을 만들면, 그 전기 사용량은 '전기 섹터'에도, '산업 섹터'에도 들어갈 수 있습니다.

2. 친환경 플라스틱을 통한 탄소 저감

빌 게이츠는 그의 저서 『기후재앙을 피하는 법』에서 탄소의 순 배출(net emission)을 줄이기 위한 여러 전략을 소개한 바 있습니다. 이 책은 전반적으로 지구 온난화의 심각성과 이를 해결하기 위한 과학·기술 기반의 접근법을 다루며, 전기, 교통, 농업, 산업 등 다양한 분야를 폭넓게 설명하고 있습니다. 하지만 '친환경 플라스틱을 통한 탄소 저감'과 같은 일부 중요한 내용은 책 전체에서 몇 쪽 남짓으로만 다루어져 있어, 일반 독자가 그 맥락을 충분히 이해하기는 어렵습니다. 따라서 이 내용을 보다 구체적이고 쉽게 풀어 설명하고자 합니다.

이를 위해 우선 우리가 줄이고자 하는 대상인 이산화탄소(CO_2), 그리고 그 구성 원소인 탄소(C)가 지구 어디에, 얼마나 저장되어 있고, 어떤 방식으로 이동(=순환)하는지부터 이해해야 합니다. 수치들은 통계 출처에 따라 다소 차이가 있지만, 여기서는 가장 대표적인 연구 기반의 평균값을 중심으로 설명합니다. 또한, 복잡한 학문적 해석이나 무기물 형태의 탄소 저장 등은 생략하고, 지구 온난화와 직접적으로 관련된 탄소 순환 구조에 초점을 맞추어 설명할 것입니다.

1) 탄소(C)는 어디에 있을까? 4대 저장소

탄소는 지구에서 주로 네 가지 주요한 공간(sphere)에 저장되어 있습니다. 각각은 다음과 같습니다.

바이오스피어(Biosphere) – 생물권

식물과 동물, 미생물 등 모든 생물은 탄소를 주요 구성 원소로 가지고 있습니다. 지구 표면에 존재하는 식물들은 약 4,500억~6,500억 톤의 탄소(C)를 고체 상태로 저장하고 있으며, 이는 광합성 과정을 통해 공기 중 CO_2를 흡수한 결과입니다. 식물이나 동물이 죽으면 그 유기물 대부분은 미생물에 의해 분해되며, 이 과정에서 다시 이산화탄소가 대기 중으로 방출됩니다. 일부는 휴민산(Humic acid)처럼 쉽게 분해되지 않고 오랫동안 토양에 남아 유기 탄소로 저장됩니다.

리소스피어(Lithosphere) – 토양권

분해되지 않은 유기물질은 토양에 흡수되어 고체 상태의 탄소로 저장된다. 이처럼 토양에 보존된 탄소는 약 1조 5천억~2조 4천억 톤(C 기준)으로, 이 또한 대기 중 온실가스로 직접 작용하지 않습니다. 이 저장소는 생물권과 밀접하게 연결되어 있으며, 지속 가능한 농업과 탄소 격리 기술의 핵심 지점이기도 합니다.

애트모스피어(Atmosphere) – 대기권

우리가 흔히 말하는 이산화탄소는 대기 중에 약 7,500억~8,700억 톤의 탄소(C) 형태로 존재하며, 이는 전체 온실가스 문제의 중심에 있는 형태입니다. CO_2는 태양열을 붙잡아 지구의 평균 온도를 높이는 온실 효과를 일으키기 때문에, 이 양을 줄이거나 흡수하는 것이 기후 위기 대응의 핵심 전략입니다.

하이드로스피어(Hydrosphere) – 수권(해양)

대기 중 CO_2는 일부가 바닷물에 녹아 탄산(H_2CO_3) 형태로 저장됩니다. 해양은 약 38조 톤의 탄소를 저장하고 있으며, 이는 지구 전체 탄소 저장량 중 가장 큰 비중을 차지합니다. 그러나 이산화탄소가 너무 많이 바다로 흡수되면, 바닷물이 산성화되어 조개나 산호 같은 탄산 칼슘 껍데기를 만드는 생물에 악영향을 줄 수 있습니다. 탄산음료를 너무 자주 마시면 치아가 약해지는 것과 비슷한 원리입니다.

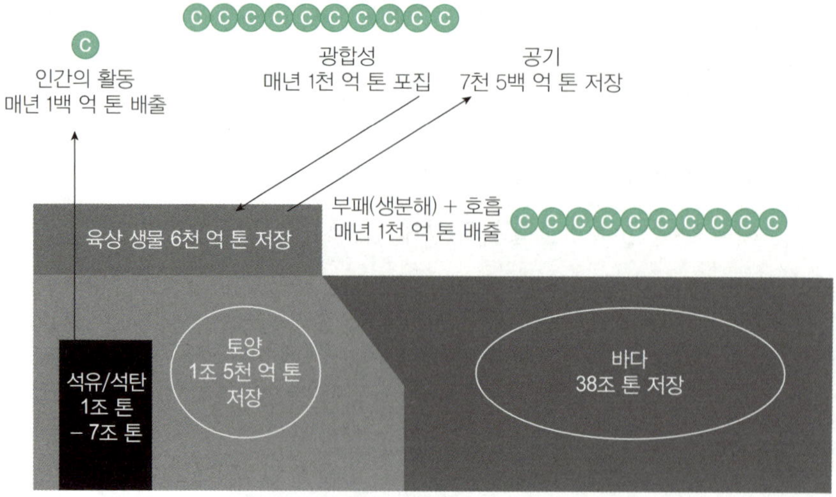

[탄소의 4대 저장소]

탄소와 이산화탄소의 무게 차이?

탄소 무게와 이산화탄소의 무게를 비교할 때는 주의해야 합니다. 현재 탄소 중립, 탄소 배출량 감소 등으로 대중 들에겐 탄소와 이산화탄소를 거의 동의어로 활용하고 있습니다. 물론 이러한 용어 활용에 필자도 동의하지만, 관련 통계 및 수치를 접할 때 자칫 혼란을 일으킬 수 있어 이 점을 설명하고자 합니다.
탄소(C) 구슬 하나가 산소 구슬 2개(O_2)와 만나서 이산화탄소(CO_2) 하나를 만듭니다. 탄소 1kg은 이것보다 1.33배 무거운 산소 2개와 붙어 이산화탄소 3.66kg이 됩니다. 대기 중 7,500억 톤의 탄소가 존재한다고 했으므로, 지구 전체 대기 중에서 존재하는 이산화탄소의 무게는 7,500억 톤에 3.66배를 곱한 2조7천억 톤입니다. 이 책에서는 독자의 혼란을 막기 위해서 탄소 기준으로 수치를 정리하였습니다.

2) 탄소 구슬은 어디에 얼마나 저장되어 있을까?

지구에는 탄소(C) 구슬들이 여기저기 흩어져 있습니다. 땅 위에도, 바다에도, 공기 중에도, 그리고 땅속 깊은 곳에도 있습니다. 이 구슬들이 얼마나 되는지 탄소(C) 기준으로 간단히 정리해 보겠습니다.

• **육상 생물:** 식물과 동물 속에 약 4,500억~6,500억 톤의 탄소가 고체 형태로 들어 있습니다.
• **토양:** 땅속의 유기물로 존재하는 탄소는 약 1조 5천억~2조 4천억 톤입니다(역시 고체입니다).
• **바다:** 탄산(용해된 기체) 형태로 약 38조 톤의 탄소가 녹아 있습니다.
• **공기:** 대기 중에는 이산화탄소 형태로 약 7500억 톤의 탄소가 기체 상태로 존재합니다.

이게 끝이 아닙니다. 땅속 깊은 곳에는 아직 사용하지 않은 화석연료 형태의 탄소도 숨어 있습니다. 바로 석탄, 석유, 천연가스 같은 자원입니다.

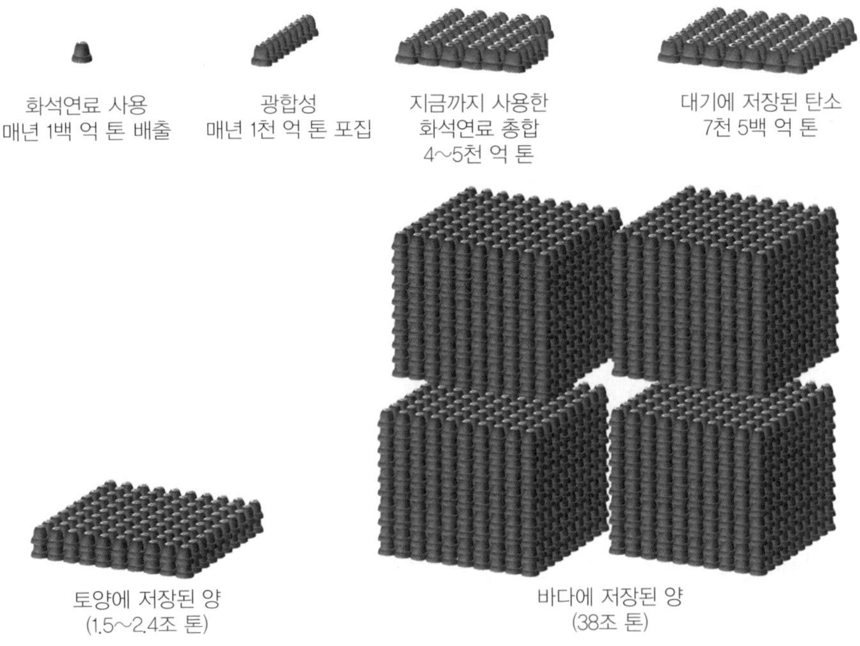

[저장 위치별 탄소의 양을 비교하기 위한 모식도]

이 탄소의 양은 최소 1조 톤에서 최대 7조 톤으로 추정되고 있습니다. 대부분 고체(석탄)나 액체(석유)지만, 일부는 기체(메탄)로도 존재합니다.

우리가 화석연료를 태운다는 건, 땅속에 잠들어 있던 탄소 구슬을 꺼내 공기 중으로 날리는 일입니다. 만약 1조 톤의 탄소를 한꺼번에 공기 중으로 날린다면? 지금 대기 중에 있는 탄소 총량(약 7500억 톤)보다도 더 많아지게 됩니다. 물론, 공기 중의 이산화탄소는 시간이 지나면 일부 바다로 녹아들지만, 이 과정을 거쳐도 지구 전체 온실가스 농도는 결국 높아집니다.

3) 지구 온난화는 탄소 지출 통장의 마이너스 잔고

지구 온난화를 멈추는 아주 복잡한 기술 얘기 대신, 은행 저축처럼 간단하게 생각해 보겠습니다. 인류는 산업혁명 이후 지금까지 땅속 탄소 구슬(화석연료)을 꺼내서 공기 중으로 날려왔습니다. 그 양이 무려 4,000억~5,000억 톤이나 됩니다. 마이너스 잔고가 이만큼 큽니다. 이것을 통장 잔고를 0으로 되돌리기 위해 저축을 해야 합니다. 해야 할 일은 간단합니다. 꺼낸 탄소(빚)를 다시 어딘가에 저장해야 합니다. 즉, 기체 상태의 탄소를 다시 고체나 액체로 바꿔서 묻거나 감추는 것입니다.

숫자가 너무 커서 잘 와닿지 않는다면? 다음과 같이 상상해 봅시다. 탄소의 밀도를 1(물처럼)이라고 가정하면, 우리가 지금까지 배출한 4,000~5,000억 톤의 탄소는 약 400km^3(세제곱킬로미터)의 부피가 됩니다. 이걸 여의도 면적(2.9km^2)에 촘촘히 쌓는다고 가정하면, 높이가 무려 140km에 달합니다. 참고로, 여객기 비행 고도는 10~12km, 우주로 가는 로켓은 약 **100km**를 넘어야 합니다. 즉, 여의도 위로 탄소를 쌓으면 우주 너머까지 도달하는 셈입니다. 다른 예시로 잠실야구장을 그릇으로 생각해 본다면, 이 탄소 부피는 잠실야구장 80만 개를 완전히 채울 수 있는 양입니다.

지적 호기심이 많은 독자라면 이런 의문이 들 수 있습니다. "지금까지 인류가 화석연료를 사용하며 추가로 배출한 탄소는 약 4~5천억 톤 정도인데, 현재 대기 중 탄소량은 약 7천5백억 톤이라고 한다. 수치적으로 산업혁명 전보다 2배가 되어야 할 것 같은데?" 합당한 의문입니다. 현재 대기 중 이산화탄소 농도는 약 430ppm으로, 실제로 산업혁명 이전 대비 약 50%가량 증가한 상태입니다. 수치가 완벽하게 들어맞지 않는 이유는, 인류가 배출한 탄소의 상당 부분은 해수에 용해되었기 때문입니다.

4) 탄소 포집 및 저장 기술

앞서 이야기했듯이, 지구를 뜨겁게 만드는 주범은 바로 기체 상태의 탄소, 즉 이산화탄소입니다. 이 CO_2는 공기 중에 둥둥 떠다니며 햇빛이 지표면에 반사되어 나가는 걸 붙잡아 열을 가두는 온실 효과를 일으킵니다. 그렇다면 이렇게 떠다니는 기체 탄소를 다시 고체로 바꿔, 날아가지 않게 '봉인'할 수는 없을까요? 이 질문에 답하기 위해 과학자들이 고안한 기술이 바로 탄소 포집 및 저장 기술, 줄여서 CCS(Carbon Capture and Storage)입니다.

CCS와 CCUS

CCS는 공장, 발전소, 시멘트·철강·석유화학 시설 등에서 대량으로 배출되는 CO_2를 대기 중으로 흘러나오기 전에 먼저 붙잡아, 지하 1,000m 이상 깊은 암반층이나 바다 밑에 주입해 영구 저장하는 기술입니다. 하지만 붙잡아서 땅에 묻는 것만으로는 해결되지 않는다는 비판도 있습니다. 그래서 등장한 개념이 CCUS(Carbon Capture, Utilization, and Storage)입니다. 포집한 이산화탄소를 단순히 묻는 데 그치지 않고, 산업 원료처럼 '재활용'하자는 접근입니다. 예를 들면 탄산음료의 기포로, 합성연료나 플라스틱 원료로, 혹은 시멘트 생산에 필요한 탄산칼슘으로 다시 활용할 수 있습니다.

탄소 기반 고분자 물질은 연소(산화) 과정에서 이산화탄소로 전환되며 에너지를 방출합니다. 반대로, CCUS 기술은 이산화탄소를 다시 연료나 플라스틱 원료로 되돌리는 과정으로, 외부 에너지를 투입해야 합니다. 이때 필요한 에너지를 최소화하고 전환 효율을 높이기 위해 과학자들은 고성능 촉매를 개발하며 CO_2 전환 반응의 에너지를 낮추는 데 주력하고 있습니다.

특히 이러한 기술은 최근 태양광·풍력 등 재생에너지를 활용하는 '인공광합성' 기술로 진화하고 있습니다. 인공광합성이란, 식물이 햇빛을 이용해 이산화탄소를 포도당과 같은 유기물로 전환하는 자연의 원리를 인공적으로 구현하는 기술로, 촉매와 빛 또는 전기에너지를 이용해 CO_2를 메탄(메테인), 메탄올, 에틸렌, 폼산 등 다양한 화학제품으로 전환합니다. 이렇게 만들어진 물질은 합성연료, 의약품 원료, 그리고 바이오 기반 플라스틱의 핵심 단량체로 활용될 수 있습니다.

이처럼 CCUS 기술을 통해 이산화탄소로부터 새롭게 제조되는 플라스틱은 탄소 순환 생태계에 기반한 자원 활용 방식을 따르므로, 바이오 플라스틱의 범주에 포함됩니다. 앞서 5장에서 언급한 것처럼, 바이오 플라스틱은 탄소의 기원이 자연순환에 있다는 점을 기준으로 분류되며, 대기 중 CO_2를 화학적으로 전환한 플라스틱 또한 탄소-14를 포함하기 때문에 바이오 플라스틱으로 인정됩니다.

탄소 포집 기술 1: 흡수

탄소 포집 기술은 크게 흡수, 흡착, 막 분리의 세 가지 방식으로 나뉩니다. 각각 장단점과 대표 기업들을 살펴봅시다. 먼저 흡수 기술(absorption technology)는 가장 널리 사용되는 방식입니다. 공장에서 나오는 뜨거운 배출 가스를 흡수탑(absorber)에 통과시키면, CO_2가 염기성 액체 용매(예: 아민계 용액)와 반응해 녹아듭니다. 이 용액을 다시 가열하면, 녹아 있던 CO_2가 분리되어 순수한 상태로 포집됩니다. 수세미에 물을 흡수시켰다가 짜내면 다시 물이 나오는 것과 비슷합니다.

이 기술을 활용하는 대표 기업으로는 영국의 Carbon Clean이 있습니다. 중소형 산업 현장용 포집 솔루션을 개발합니다. 미국의 에너지 대기업인 Exxon Mobil도 텍사스 베이타운에서 이 방식의 CO_2 흡수 시설을 운영하고 있습니다.

흡수 기술을 활용한 하루 포집량은 수백 톤~1,000톤 정도입니다. 용매 재생에 고온의 열이 많이 들고, 부식 문제가 발생할 수 있다는 한계가 있습니다.

탄소 포집 기술 2: 흡착

흡착 기술(Adsorption Technology)은 CO_2를 다공성 고체 표면에 붙잡는 방식입니다. 활성탄, 제올라이트, 메조다공성 실리카 같은 물질이 CO_2를 흡착하고, 온도를 높이거나 압력을 낮추면 다시 떼어낼 수 있습니다. 먼지 롤러에 먼지가 붙었다가 떨어지는 것과 비슷합니다.

흡착 기술을 활용하는 대표적인 기업으로는 캐나다의 Svante, 영국의 Carbon Clean이 있습니다. Svante에서는 산업 현장에 적합한 모듈형 고체 흡착기를 개발하고 있으며, Carbon Clean에서도 고체 흡착제 기반 시스템을 병행 개발하고 있습니다.

흡착 기술을 활용한 하루 포집량은 Svante 기준 약 1,000톤 수준입니다. 흡착제 수명이 짧고, 재생에도 에너지가 필요하다는 한계가 있습니다.

탄소 포집 기술 3: 막 분리

막 분리 기술(Membrane Separation Technology)에서는 기체 분자들의 속도 차이를 이용해 CO_2를 골라냅니다. CO_2는 특수한 분리막을 통과하는 속도가 질소, 산소보다 느리거나 빠르게 조절되며 분리됩니다. 체육대회에서 빠른 친구가 먼저 결승선을 통과하는 장면을 떠올리면 이해가 쉽습니다. 막 분리를 활용하여 이산화탄소를 포집하는 기업으로는 미국의 MTR(Membrane Technology and Research)와 Air Products가 있습니다.

막 분리를 활용한 하루 포집량은 수백 톤 수준으로, 앞의 두 기술과 비교하면 다소 적은 양입니다. 막의 내구성을 제고하고, 오염을 방지하며, 선택성을 높이는 등의 기술적 도전이 존재합니다.

공기 중에서 바로 포집: DAC

기체 상태의 탄소가 이미 대기 중에 퍼져버렸다면, 직접 공기에서 꺼내는 기술도 있습니다. 이를 Direct Air Capture (DAC), 즉 직접 공기 포집 기술이라고 합니다. 이를 활용하는 대표 기업으로는 스위스의 Climeworks와 캐나다의 Carbon Engineering이 있습니다. Climesworks에서는 아이슬란드에 Mammoth 시설을 구축하였고, Carbon Engineering에서도 대형 DAC 플랜트 설계를 통해 이를 실현하고 있습니다.

DAC를 통한 하루 이산화탄소 포집량은 Climeworks 기준 약 100톤으로, 연간 최대 36,000톤 수준입니다. 다만 대기 중 CO_2 농도가 낮아 에너지 효율이 매우 낮고,아직까지 운영비가 높아 상용화가 느린 편입니다.

5) 이산화탄소, 묻었다고 끝이 아니다

CCS 기술은 포집한 이산화탄소를 지하 깊은 곳에 주입해 저장하는 방식입니다. 가장 많이 활용되는 저장소는 고갈된 유전과 가스전, 또는 해양 아래의 염수층(saline aquifer)입니다. 이곳들은 원래도 기체나 액체를 가두었던 지질 구조이기 때문에, 마치 원래 있던 곳에 다시 되돌려주는 것처럼 보입니다.

하지만 문제는 그렇게 단순하지 않습니다. 이산화탄소는 기체이기 때문에, 압축해도 여전히 부피가 큽니다. 기체 1톤은 액체나 고체 1톤과는 비교도 되지 않을 정도로 넓은 공간을 차지합니다. 게다가 이산화탄소는 비활성 기체가 아니라, 수분과 만나면 산성 반응을 일으키기도 하며, 지하 암반을 천천히 부식시키는 위험도 있습니다. 그 결과, 저장된 CO_2가 수십 년, 혹은 수백 년 뒤 균열을 통해 다시 지표로 올라올 가능성이 완전히 배제되지 않고 있습니다.

이 때문에 과학자들 사이에서는 "이산화탄소를 정말로 안전하게 저장할 수 있느냐"하는 근본적인 회의가 따라붙습니다. 예를 들어, 북해의 슬라이퍼(Sleipner) 가스전처럼 비교적 안정적인 저장소도 있지만, 완벽한 밀봉은 불가능에 가깝다는 점을 지적하는 목소리도 큽니다. 실제로 일부 모델링 연구에서는 수백 년 이상 이산화탄소를 안정적으로 저장하기 위해선, 상당한 지질학적 조건과 감시체계가 필수적이라고 제시하고 있습니다.

게다가 저장 공간은 무한하지 않습니다. 포집한 이산화탄소를 '어디에, 얼마나, 얼마나 오래' 보관할 수 있느냐는 지구 규모에서 보면 생각보다 아주 제한적인 카드입니다. 그리고 이 모든 시스템을 구축하려면 막대한 비용이 들고, 에너지를 소비하면서 다시 온실가스를 배출할 가능성도 있습니다.

이러한 아이러니 때문에, CCS는 여전히 임시방편에 불과하다는 비판을 피하지 못합니다. 물론, 이렇게 말한다고 해서 CCS와 CCUS 기술을 부정하거나 무용론을 주장하려는 것은 아닙니다. 지금부터 탄소 배출을 0으로 줄여서 탄소중립 사회를 당장 실현한다고 가정해도, 지금까지 인류가 대기 중에 배출해 놓은 이산화탄소를 어떻게 회수하고 안전하게 고정할 것인가에 대한 해답은 여전히 필요합니다.

그렇기에 CCS 및 CCUS 기술에 많은 사람들이 현실적 기대와 과학적 관심을 함께 갖고 있는 것이 사실입니다. 현재까지의 기술로는 완전한 해결책이라 보기 어렵지만, 이 기술들이 앞으로 어떤 방식으로 진화하고, 어떤 조건에서 의미 있는 역할을 할 수 있을지는 과학자들이 발전시켜야할 숙제입니다. 다만 분명한 것은, 지금처럼 대기 중에 이산화탄소를 그대로 두고 볼 수는 없다는 사실, 그리고 인류가 할 수 있는 모든 수단을 검토해야 하는 시대에 들어섰다는 점입니다.

3. 광합성의 결과물로서 바이오매스

광합성은 자연이 만든 가장 완벽한 탄소 고정 기술입니다. 식물은 햇빛의 에너지를 받아들여 이산화탄소(CO_2)와 물(H_2O)을 원료로, 산소(O_2)와 포도당($C_6H_{12}O_6$)이라는 에너지원이자 고체 형태의 탄소 화합물을 만들어냅니다. 이렇게 만들어진 포도당은 단순히 에너지원으로 끝나는 것이 아니라, 셀룰로스나 전분, 리그닌과 같은 고분자 물질로 전환되어 식물의 줄기, 잎, 뿌리 등 신체를 구성하는 구조물이 됩니다. 즉, 광합성은 공기 중의 기체 상태 탄소를 식물의 몸 안에 고체로 저장하는 과정인 셈입니다.

놀랍게도, 지구 지표면의 육상 식물들이 1년에 수행하는 광합성 총량은 인류가 1년 동안 배출하는 탄소량의 약 10배에 달하는 것으로 추정됩니다.

반면, 인간이 기술로 개발 중인 CCS나 CCUS는 아직까지 실제 포집량이 매우 제한적입니다. 기술의 발전 가능성은 크지만, 현재로서는 인류의 배출량을 따라가기엔 역부족인 상황입니다.

그렇다면 식물이 저장한 이렇게 많은 양의 탄소는 다 어디로 갔을까요? 정답은 '자연의 청소부'인 미생물입니다. 식물이나 동물이 죽으면, 그 사체는 흙 속의 세균과 곰팡이, 곤충 등에 의해 분해되며 그 속에 저장된 탄소는 다시 이산화탄소의 형태로 대기 중에 되돌아갑니다. 이것이 자연의 탄소 순환이며, 생태계를 유지하는 핵심 원리입니다.

그런데 만약 지표면에 있는 시체가 썩지 않고 계속 쌓이기만 한다면 어떻게 될까요? 지구 곳곳이 썩지 않은 유기물 덩어리로 뒤덮여 생태계는 대혼란에 빠지고, 인류는 발 디딜 틈조차 없어질지도 모릅니다.

물론 그런 일은 현실에서 일어나지 않습니다. 하지만 이 비현실적인 상상을 통해 우리는 하나의 아이디어를 떠올릴 수 있습니다. "만약 우리가 식물처럼 탄소를 고체 형태로 만들어 저장하고, 그것이 자연적으로 썩지 않도록 막을 수 있다면, 인류가 10년에 걸쳐 배출한 탄소를 단 1년 만에 고정할 수도 있지 않을까?"

이제 질문은 이렇게 바뀝니다.

"이 과감한 상상을 좀 더 안전하고, 현실적인 방법으로 실현할 수 없을까?"

"어떻게 하면 자연의 원리를 인간 기술로 모방할 수 있을까?"

그것이 빌 게이츠의 저서에서 너무도 짧게 다루어져 있는 부분입니다. 바로 이 해답을 찾기 위한 다음 단계가, 플라스틱과 바이오소재를 활용한 탄소 고정화 전략입니다.

4. 자연이 우리에게 남긴 힌트, 썩지 않는 탄소의 시대

앞서 우리는 이런 상상을 해봤습니다. "만약 식물들이 만들어낸 유기물이 썩지 않고 계속 쌓인다면, 그 안에 저장된 탄소는 어떻게 될까?" 이 물음에 답하기 위해, 지구 역사 속에서 일어났었다고 여겨지는 몇 가지 이야기 속으로 들어가 봅시다.

1) 고생대 석탄기: 썩지 않은 나무가 지구를 덮던 시절

약 3억 5천만 년 전, 지구는 고생대 석탄기라는 시기를 맞이했습니다. 이 시기는 이름 그대로 지금 우리가 쓰고 있는 석탄(coal)이 대량으로 만들어진 시대입니다. 당시, 지구에는 지금과는 비교할 수 없을 정도로 많은 숲이 있었고, 이 숲을 이루는 식물들은 리그닌(lignin)과 셀룰로스(cellulose)로 된 강하고 질긴 조직을 갖고 있었습니다.

그런데 중요한 건, 이걸 분해할 수 있는 미생물이 당시엔 없었다는 사실입니다. 즉, 식물은 죽어도 썩지 않고, 그대로 쌓였습니다. 이렇게 축적된 식물 잔해는 시간이 지나며 퇴적물 속에 묻히고, 고온과 고압을 받으며 서서히 석탄이 되었습니다. 이것이 바로 오늘날 인류가 사용하는 대표적인 화석연료의 시작입니다. 정리하면, 광합성으로 고정된 탄소가 수백만 년 동안 썩지 않고 보존되었고, 지하 깊은 곳에서 탄소의 '고체 저장소'로 탈바꿈한 것이죠.

2) 에오세의 아조라 사건: 조용한 식물 반란

또 다른 사례는 약 5천만 년 전, 에오세(Eocene) 시기의 '아조라 사건(Azolla Event)'입니다. 주인공은 아조라(Azolla)라는 작고 겸손한 수생식물입니다. 이 식물은 토끼풀처럼 스스로 질소를 고정할 수 있어, 영양이 부족한 북극해에서도 폭발적으로 번식할 수 있었습니다.

당시 지구는 지금보다 훨씬 따뜻했습니다. 대기 중 이산화탄소 농도는 약 3,500ppm으로 지금의 9배에 달했고, 북극해조차 얼지 않을 정도였습니다. 그런데 아조라는 매우 빠르게 광합성을 하며 이산화탄소를 고체 유기물로 바꿨고, 죽은 개체는 침전물로 가라앉아 바다 밑에 누적되었습니다. 이렇게 약 80만 년 동안 탄소를 '쌓아두자', 지구의 대기 중 이산화탄소 농도는 650ppm까지 급감했고, 지구는 '온실 지구'에서 '얼음 집 지구'로 전환되는 전 지구적 냉각기를 맞이했습니다.

3) 우리가 얻을 수 있는 교훈

물론, 고생대 석탄기의 탄소 고정이나 아조라 사건의 전 지구적 기후 변화 영향에 대해선 학계 내부에서도 여전히 활발한 논의가 이루어지고 있습니다. 특히 아조라 사건의 구체적인 메커니즘이나 당시 탄소 흡수량에 대한 추정치는 모델에 따라 차이가 있으며, 일부 학자들은 그 영향력이 과장되었을 가능성도 지적합니다.

하지만 중요한 것은, 이러한 논의가 있다는 점이 이 사건들의 타당성을 완전히 부정하지는 않는다는 것입니다. 오히려 수치적으로 실현 가능한 탄소 저장량이 정량적으로 추산되며, 광합성과 유기물 침전이라는 메커니즘을 통해 '탄소는 분명히 고정될 수 있다'는 개념 자체는 폭넓게 받아들여지고 있습니다. [시나리오 1]과 [시나리오 2] 그림에 나타냈듯이, 이 사례들은 새로운 방식의 탄소 저장 시스템을 설계할 수 있다는 가능성을 열어주고 있는 것입니다.

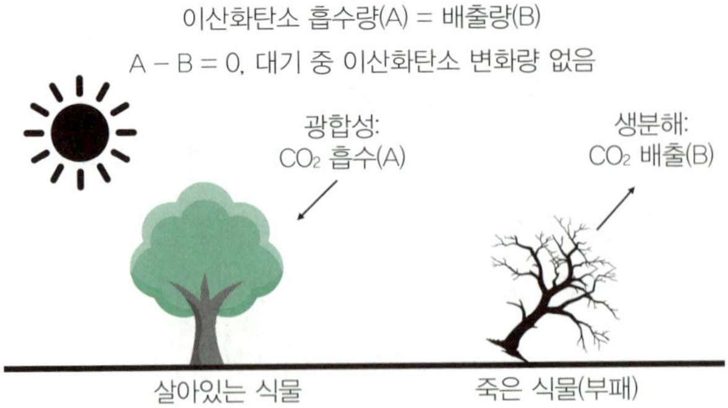

[시나리오 1]

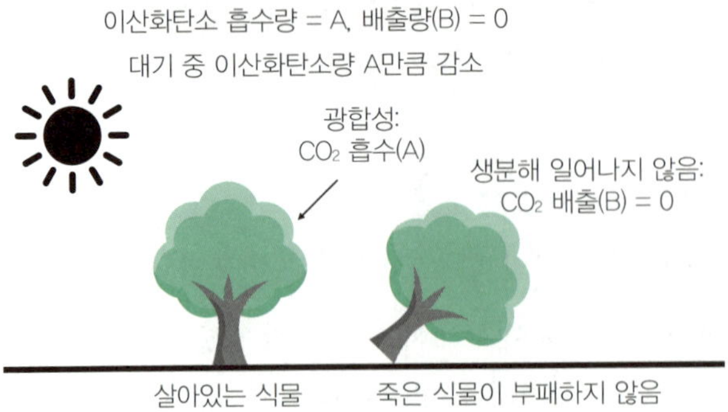

[시나리오 2]

나무가 썩지 않는다면: 탄소를 가둔 목재 금고의 실험

나무는 자라면서 이산화탄소를 흡수하는 대표적인 '자연 흡수원'입니다. 광합성을 통해 대기 중의 이산화탄소를 몸속에 탄소 형태로 저장하죠. 하지만 대부분의 나무는 죽은 뒤 썩는 과정에서, 저장했던 탄소를 다시 대기 중으로 방출합니다. 즉, 일반적인 숲은 영구적인 탄소 저장소라기보다 일시적인 탄소 보관소에 가깝습니다.

그런데 최근 예일대학교 Liangbing Hu 교수 연구팀이 2024년 「Science」지에 발표한 연구는 이 통념에 도전합니다. 연구진은 '목재 금고(Wood Vaulting)'라는 개념을 제안하며, 땅속에 매립된 목재가 수천 년 동안 탄소를 안정적으로 저장할 수 있다는 가능성을 실험적으로 보여주었습니다.

그들은 3,775년 전 진흙 속에 묻혀 있던 목재를 분석했는데, 놀랍게도 이 나무는 거의 부패하지 않은 채 보존되어 있었습니다. 그 비결은 점토층의 산소 결핍 환경으로, 공기가 거의 통하지 않았기 때문이었습니다. 이 조건에서는 미생물의 분해 활동이 억제되어, 나무가 썩지 않고 수천 년간 형태를 유지할 수 있었던 것입니다.
이 발견은 기존의 탄소 포집(CCS) 기술과는 전혀 다른 접근입니다. 이산화탄소를 흡착하거나 화학 반응으로 제거하는 대신, 나무 자체를 썩지 않게 매장하여 탄소를 장기간 봉인하는 방식이죠. 연구진은 이 기술을 통해 연간 최대 10기가톤(Gt)의 이산화탄소를 제거할 수 있다고 보고하며, 톤당 30~100달러 수준의 비용으로 실현 가능하다고 주장합니다.
예일대학의 Hu 교수팀은 '썩지 않는 나무'를 구조 소재로 만드는 기술도 제안하고 있습니다. 나무에서 리그닌을 제거하거나 미세구조를 재설계해, 일반 목재보다 훨씬 강하고 가벼운 구조 소재로 바꿨습니다. 이 기술이 상용화된다면 건축·토목·자동차 소재 등 다양한 분야에서 나무가 단순 생물이 아닌 탄소 저장소이자 구조체로 진화할 수 있습니다.
이쯤에서 자연스레 한 가지 의문이 떠오릅니다. "그렇다면 나무를 베어도 괜찮은 걸까?" 무분별한 벌목은 분명히 지양해야 합니다. 하지만 일정 수준의 관리된 간벌이 오히려 숲의 건강성과 탄소 흡수 능력을 높일 수 있다고 주장하는 생태학자들도 있습니다. 왜일까요?
첫째, 30년 이상 된 나무는 광합성 효율이 떨어지고, 이산화탄소 흡수량도 감소합니다. 일반적으로 건강한 나무 한 그루는 연간 약 20kg의 이산화탄소를 흡수하지만, 노화된 나무는 이 수치가 크게 줄어듭니다.
둘째, 오래된 숲은 수목 과밀로 인해 햇빛이 아래로 잘 도달하지 않아 아래 식물들의 생장이 저해됩니다. 이는 숲의 생물다양성을 낮추고, 탄소 흡수력을 약화시킬 수 있습니다.
셋째, 자연적 산불도 종종 이런 오래된 숲에서 발생합니다. 북미나 호주 일부 지역에서는 낙엽과 마른 풀 속의 미생물 분해 → 열 축적 → 자연 발화라는 과정으로 산불이 일어나기도 합니다. 이는 생태계 입장에서는 오래된 탄소를 순환시키고 새로운 생명이 자랄 수 있도록 돕는 하나의 '리셋' 메커니즘으로 작용합니다.
물론 여전히 적지 않은 과학자들이 인간의 인위적인 벌목을 경계하고 있기 때문에 조심스러운 접근이 필요합니다. 이와 함께, 목재처럼 장기간 분해가 어려운 자원보다는, 보다 쉽게 생분해되거나 현재는 폐기물로 취급되는 해조류, 볏짚, 코코넛 껍질, 호두껍질 등 다양한 바이오매스 자원을 적극적으로 활용하는 방안을 찾아야 합니다. 이러한 재생 가능한 바이오 자원들은 자연순환과 산업 자원의 연결고리가 되어줄 수 있으며, 나아가 지속가능한 소재 전환의 핵심 전략으로 주목받고 있습니다.

5. 플라스틱을 탄소 저장소로 본다면

1) 탄소를 영원히 봉인하는 법: 썩지 않는 바이오 플라스틱

플라스틱이 환경에 나쁜 물질로 여겨지는 데에는 두 가지 주요 이유가 있습니다. 첫째, 잘 썩지 않고, 둘째, 분해되지 않은 채로 많은 부피를 차지하기 때문입니다. 하지만 이 두 가지 특징이, 탄소를 대기 중으로부터 고체 형태로 '영원히 격리'할 수 있는 조건이라면 어떨까요? 조금만 시선을 바꾸면, 플라스틱은 탄소를 영구적으로 저장할 수 있는 독특한 물질로도 볼 수 있습니다.

바이오 플라스틱은 대기 중 이산화탄소로부터 시작된다

바이오 플라스틱은 옥수수, 사탕수수, 해조류 등 식물에서 추출한 탄소로 만들어지는 고분자 소재입니다. 식물은 광합성을 통해 대기 중의 이산화탄소를 흡수해 성장하고, 이후 그 식물이 바이오 플라스틱으로 전환되면, 그 안에 저장된 탄소는 다시 기체로 돌아가지 않고 고체 상태로 '봉인'됩니다. 비유하자면, 바이오 플라스틱은 "썩지 않는 식물의 시체"입니다.

일반적으로 식물은 죽은 후 미생물에 의해 분해되어 그 속의 탄소가 다시 이산화탄소로 대기 중에 되돌아갑니다. 하지만 바이오 플라스틱으로 전환된 식물은 분해되지 않고, 물리적으로 탄소를 고정한 채로 오랜 시간 남아 있게 됩니다. 만약 이 바이오 플라스틱이 쉽게 분해되지 않고, PET병이나 건축용 자재처럼 장기간 사용되는 형태로 존재한다면, 이는 곧 이산화탄소를 '무기한 저장'하는 물리적 탄소 창고가 될 수 있는 것입니다.

플라스틱은 쓰레기일까, 탄소 저장고일까?

우리가 사용하는 일반 플라스틱의 약 75%는 탄소로 이루어져 있습니다. 즉, 우리가 무심코 버리는 플라스틱은 단순한 폐기물이 아니라, 탄소 저장 덩어리인 셈입니다.

네덜란드 위트레흐트 대학교와 환경평가국은 「네이처」지에 다음과 같은 내용을 발표했습니다. 현재 인류는 매년 약 3억~4억 톤의 플라스틱을 생산합니다. 생산량이 매년 증가하는 추세가 유지된다면, 2020년부터 2100년까지 누적 약 1,000억 톤의 플라스틱이 만들어진다고 합니다. 그리고 이 모든 플라스틱이 바이오매스를 원료로 하며 썩지 않는 성질을 가진다면, 약 750억 톤의 탄소(약 2,700억 톤의 이산화탄소)를 물리적으로 격리시킬 수 있게 됩니다.

이는 IPCC(기후변화에 관한 정부간 협의체)가 제시한 2100년까지 약 5천억 톤의 탄소(약 1.2조 톤 이산화탄소)를 저장해야 한다는 목표량의 20~30%에 해당하는 수치입니다. 만약 바이오 기반 플라스틱이 이 목표에 실질적으로 기여할 수 있다면, 플라스틱 산업은 환경 오염의 주범이 아닌, 지구를 구하는 탄소 저장 기술의 핵심이 될 수도 있는 것입니다.

[시나리오 3] 그림에 도식화되어 있듯이, 바이오 플라스틱은 그 원료 물질인 식물이 탄소를 흡수하여 만들어집니다. 이때 식물이 흡수한 탄소의 양을 A라고 하겠습니다. 식물을 가공하여 플라스틱 제품을 만드는 과정에는 농사를 짓기 위해 사용된 비료 생산, 농기계 가동, 플라스틱 제조 공정, 그리고 제품을 성형하는 데 필요한 에너지가 모두 포함됩니다. 이 에너지를 생산하는 과정(예: 화석연료를 사용하는 화력발전소)을 통해 발생한 이산화탄소의 양을 B라고 하겠습니다. 마지막으로, 바이오 플라스틱이 소각되거나 생분해되어 다시 이산화탄소로 돌아갈 때 방출되는 양을 C라고 하면, 결론적으로 A−B−C만큼의 이산화탄소를 저장할 수 있는 것입니다. B와 C가 작을수록 탄소 저장 효과는 커집니다. 앞서 논의했듯이, 플라스틱이 분해되지

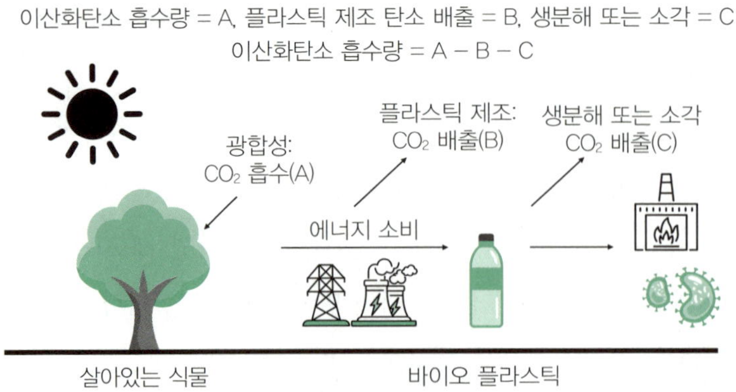

[시나리오 3]

않고 특정 장소에 고립되어 있다면 C는 0이 될 것입니다.

전제가 필요하다

물론 여기에는 전제가 필요합니다. 첫째, 탄소를 봉인한 플라스틱이 쉽게 분해되거나 소각되지 않아야 하며(시나리오 3의 C를 0으로 만들기 위해), PET 병, 건축 내장재, 토목용 자재처럼 장기간 꺼내지 않고 사용하는 분야에 적용되어야 합니다. 실제로 석유 유래 플라스틱도 건물의 단열재나 방수재로서 수십 년 이상 콘크리트에 묻혀 있는 경우가 많습니다.

둘째, 플라스틱을 생산할 때 사용되는 에너지의 원천이 중요합니다(시나리오 3의 B를 0으로 만들기 위해). 만약 생산 과정에 필요한 동력과 열이 화석연료 기반이라면, 포집한 탄소보다 더 많은 온실가스를 배출할 수 있습니다. 빌 게이츠는 그의 저서에서 이산화탄소를 진정으로 줄이기 위해서는 '깨끗한 에너지'를 전제로 해야 한다고 강조합니다. 즉, 태양광, 풍력, 수력, 또는 원자력 등 탄소 배출이 적은 에너지로 플라스틱을 생산해야 플라스틱도 진정한 탄소 감축 수단이 될 수 있다는 것입니다.

전기차는 정말 친환경일까?

전기차는 배기구가 없고, 주행 중 매연이나 이산화탄소를 뿜지 않기 때문에 '무조건 친환경'이라고 여겨지는 경우가 많습니다. 그런데 정말 그럴까요? 전기차가 친환경이 되려면, 단순히 차 뒤에서 매연이 나오지 않는 것만으론 부족합니다. 전기를 어떻게 만들었는지, 배터리를 어떻게 제조했는지가 함께 고려돼야 합니다.
예를 들어, 휘발유차는 연료를 차에 넣고 그 자리에서 연소합니다. 그에 비해 전기차는 눈에 보이는 배출은 없지만, 그 전기 자체가 석탄이나 천연가스를 태워 만들어졌다면? 실제로는 발전소 뒤편에서 똑같이 이산화탄소가 발생하고 있는 셈입니다.
또 한 가지 간과되기 쉬운 사실은 전기차에 들어가는 리튬 이온 배터리의 생산 과정에서 엄청난 양의 에너지와 물, 광물이 소비된다는 점입니다. 이 과정에서 발생하는 탄소 배출량만 따져도 전기차 한 대는 출고 전부터 이미 상당한 탄소 발자국을 남기고 있는 셈입니다.
이쯤에서 의문이 생길 수 있습니다. "그렇다면 전기차는 친환경이 아닌가요?"
꼭 그렇지는 않습니다. 이 글은 전기차를 비판하려는 것이 아닙니다. 오히려 '친환경'이 되기 위한 조건을 이야기하는 것입니다. 전기차가 진정한 탄소 저감 기술이 되기 위해서는, 그 배경이 되는 전기 인프라, 즉 발전소와 전력망 자체가 탈탄소화되어야 합니다. 태양광, 풍력, 수력, 원자력 같은 탄소 배출이 적은 에너지로 생산된 전기를 사용할 때, 비로소 전기차는 명실상부한 청정 이동수단이 될 수 있습니다.
실제로 세계 여러 나라들이 지금 전기차를 보급하는 이유는 단기적으로 탄소를 줄이기 위해서가 아니라, 장기적으로 재생에너지 기반의 사회 인프라가 갖춰졌을 때를 대비한 투자입니다. 결국 전기차는 미래를 전제로 한 기술인 셈입니다.

모든 것이 완벽하지 않더라도

이쯤에서 실망한 독자도 있을 수 있습니다. "깨끗한 에너지 없이 바이오 플라스틱을 만든다면 의미가 없지 않나?" 하고 말입니다. 하지만 꼭 그렇지는 않습니다. 생산 공정에서 에너지를 일부 화석연료로 공급받더라도, 바이오 플라스틱 자체가 봉인하는 탄소량이 제조와 성형 과정에서 배출되는 탄소량(전기에너지를 생산하기 위한 화학연료)보다 많다면, 전체적으로는 '탄소 네거티브', 즉 탄소 흡수 효과가 있는 소재가 될 수 있습니다. 탄소 중립 또는 탄소 제로는 배출량과 흡수량이 같아 대기 중 CO_2 농도의 변화가 없는 상태, 탄소 포지티브(양수)는 배출이 더 많아 대기의 온실가스 농도를 높이는 상태, 탄소 네거티브(음수)는 흡수가 더 많아 대기 중 탄소 농도를 감소시키는 상태를 의미합니다.

예를 들어, 브라질에서 생산되는 바이오 기반 PE(폴리에틸렌)는 흥미로운 사례입니다. 이 경우에도 플라스틱 합성 과정에서 화석연료에서 얻은 전기를 사용하기 때문에 완전히 친환경이라고 보기는 어렵습니다. 그럼에도 불구하고, 단순히 매립만 했을 때 계산되는 탄소 발자국은 오히려 음수(–)로 나타납니다. 왜냐하면 PE는 제조공정이 비교적 단순하고 에너지 소모가 적어 [시나리오 3]에서 B 값이 적기 때문입니다. 물론 이 효과가 유지되려면 바이오 플라스틱이 쉽게 분해되거나 소각되지 않고, 건축·토목·자동차 등 장기간 사용 가능한 형태로 안정적으로 존재해야 합니다. 지금 당장은 여러 제약이 있지만, 앞으로 전력을 태양광·풍력·원자력처럼 탄소 배출이 거의 없는 방식으로 생산할 수 있다면, 바이오 플라스틱은 분명히 탄소 저감에 크게 기여할 수 있는 수단이 될 것입니다.

깨끗한 전기의 두 갈래: RE100과 CF100

깨끗한 전기를 만든다는 말은 단순해 보이지만, 그 '깨끗함'의 기준에는 두 가지 서로 다른 전략이 존재합니다. RE100과 CF100입니다.

RE100(Renewable Electricity 100%)

- 목표: 기업이 사용하는 전기의 100%를 재생에너지로 충당
- 방식: 태양광, 풍력, 수력 등 재생 가능 에너지원을 직접 생산하거나 구매
- 대표 기업: 애플, 이케아, 삼성전자 등

• 특징: 기술 선택 폭은 좁지만, 탄소중립과 자연친화적 이미지가 강력

CF100(Carbon-Free Electricity 100%)

• 목표: 탄소를 배출하지 않는 전기를 100% 사용
• 방식: 재생에너지뿐만 아니라 원자력, 탄소 포집 기술, 청정 수소, 등
• 대표 기업: 구글(Google), UN Energy 등
• 특징: 기술 선택에 유연성을 두고, 탄소 저감 효과에 초점을 맞춤

두 방식 모두 탄소 배출을 억제하면서 이론적으로는 전기를 생산할 수 있는 전략입니다. RE100은 기술적으로 명확하고, 대중적 인식이 좋습니다. 에너지원의 투명성이 높고, 환경 친화적인 브랜드 이미지를 강화할 수 있다는 점에서 기업 입장에서는 사회적 책임과 마케팅 측면에서 이점이 많습니다. 하지만, 간헐성(예: 밤에는 태양광 불가)과 저장 기술의 한계 등 과제가 남아 있습니다.
반면 CF100은 기후 안정성이라는 최종 목적을 우선으로 하되, 그 경로에서 보다 다양한 기술적 해법을 허용합니다. 그러나, 원자력에 대한 사회적 논란과 우려는 분명히 존재합니다. 안전성, 폐기물, 사회적 수용성 문제는 여전히 토론 중이며, 모든 나라가 이를 동일하게 수용하고 있는 것은 아닙니다.
최근 주목받고 있는 소형 모듈 원자로(SMR)는 CF100에서 논의되는 핵심 기술 중 하나입니다. 기존 대형 원자로에 비해 작고 모듈화되어 있으며, 설계 자체에서 수동적 안전성 확보와 폐기물 최소화를 고려하고 있어 지역 단위의 탄소중립 전력 공급원으로서 주목받고 있습니다.

6. 지하에 묻는 썩지 않는 희망

앞서 바이오 플라스틱이 단순한 친환경 소재를 넘어, 탄소를 장기적으로 '고정'할 수 있는 저장소로 활용될 수 있다는 가능성을 살펴보았습니다. 그렇다면 이제 한 가지 현실적인 질문이 생깁니다. "그 많은 썩지 않는 바이오 플라스틱을 도대체 어디에 둘 것인가?" 만약 현재처럼 흥청망청 플라스틱의 생산량이 기하급수적으로 늘어난다면 예상되는 누적 생산량은 약 800억

~1,000억 톤. 이 방대한 물질을 단순히 지상에 쌓아둘 수는 없을 것입니다.

1) 화석연료가 빠져나온 지하 공간 활용

"석유와 석탄을 수십 년간 뽑아내면서 만들어진 지하 공간이 있으니, 그 자리에 다시 바이오 플라스틱을 되돌려 채워 넣으면 되지 않을까?"

이 발상은 상징적으로도, 개념적으로도 매우 강력합니다. 우리가 한때 지구에서 꺼내 온 탄소를, 고체의 형태로 지구에 되돌려준다는 의미이니 말입니다. 그리고 사실 이 생각은 단지 상상에 그치는 것이 아니라, 실제 현실 속에서도 점차 구체화되고 있습니다. 현재 노르웨이의 Sleipner, 호주의 Gorgon, 캐나다의 Quest 같은 글로벌 CCS 프로젝트는 고갈된 유전이나 폐가스전, 지하 염수층 등에 연간 수백만 톤의 이산화탄소를 저장하고 있으며, 이런 저장 공간의 탄소 격리 용량은 수조 톤 규모로 추정되고 있습니다.

이쯤에서 기술적인 한계를 짚어볼 필요가 있습니다. 이산화탄소는 압축이 가능하고, 관을 통해 밀어 넣을 수 있는 기체입니다. 그래서 주입이 빠르고, 저장 밀도도 높으며, 이미 상용 기술이 존재합니다. 반면 바이오 플라스틱은 고체이며, 모양과 형태도 제각각입니다. 기존의 압력 주입형 저장 기술을 그대로 적용하기에는 어렵고, 주입보다는 '매립'에 가까운 방식이 필요합니다.

그러나 가능성은 분명히 있습니다. 특히 주목할 점은, 폐탄광이나 고갈된 석유 저장소 중 일부는 실제로 터널 형태이거나, 인프라가 일부 남아 있어 물리적 접근이 가능한 공간이라는 것입니다. 이러한 장소에서는 바이오 플라스틱을 고체 블록이나 펠릿 형태로 압축하고, 기존 갱도나 터널에 매립하거나 적층, 필요한 경우 재밀봉 또는 구조 보강 기술을 적용하여 실질적인 '지하 탄소 보관소'로 기능하게 만드는 기술 개발이 가능합니다.

이산화탄소 기체로 탄소를 저장하는 것 대비 바이오 플라스틱으로 탄소를 저장할 때의 장점도 물론 있습니다. 석유나 가스를 뽑아낸 뒤 남은 지하 공간은 높은 압력, 안정된 지층 구조, 밀봉성(caprock) 등을 갖추고 있어, 기체 상태의 이산화탄소를 저장하는 CCS 기술의 핵심 장소로 널리 활용되고 있습니다. 하지만 기체는 특성상 새어 나올 수 있는 위험을 항상 동반합니다. 지진, 지층 균열, 미세한 공극 변화 등이 발생할 경우 주입된 CO_2가 수십 년 뒤 다시 대기로 방출될 가능성을 완전히 배제할 수는 없습니다. 실제로 일부 CCS 실증 프로젝트에서는 장기적인 밀봉 안정성과 관련해 지속적인 모니터링과 보완이 요구되고 있습니다.

이와 달리, 바이오 플라스틱은 고체입니다. 화학적으로 안정된 고분자 구조를 가지고 있어, 지하에 물리적으로 보관하더라도 누출 위험이 훨씬 낮고, 기압이나 온도 변화에 크게 흔들리지 않는 안정성을 가집니다. 즉, 압력으로 밀봉할 필요 없이도 '단단히 가둬둘 수 있는 물리적 탄소 봉인 방식'이 가능한 셈입니다. 이는 탄소 저장 기술에 있어서 매우 중요한 특성입니다.

중요한 또 하나의 차이점이 있습니다. 이산화탄소(CO_2)는 탄소(C) 하나에 산소(O) 두 개가 붙어 있는 구조입니다. 즉, 이산화탄소 한 분자의 무게 중 탄소는 약 27% 정도에 불과합니다. 나머지 73%는 산소이며, 이 산소는 온실가스 문제 해결을 위해 굳이 함께 저장하지 않아도 되는 성분입니다. 그러나 우리가 이산화탄소를 저장한다는 것은 결국 탄소 원자(C) 하나를 저장하기 위해 산소 두 개까지 끌어안는 셈이 되는 것입니다. 이는 탄소 저장 '순효율'로 보면 결코 높지 않습니다.

반면, 바이오 폴리에틸렌은 주로 탄소(C)와 수소(H)로 이루어져 있으며, 다른 종류의 바이오 플라스틱들도 이산화탄소보다 탄소의 비중이 훨씬 더 높습니다. 즉, 같은 무게의 물질을 저장할 때, 더 많은 양의 '탄소 원자'를 담고 있는 구조입니다. 이 말은 곧, 같은 무게를 지하에 저장할 경우 바이오플라스틱이 이산화탄소보다 훨씬 더 많은 '탄소'를 고정할 수 있다는 뜻이기도 합니다.

또 한 가지 결정적인 차이는 밀도(density)입니다. 기체 상태의 CO_2는 아무리 압축해도 고체 물질만큼의 밀도를 가지지 못합니다. 예를 들어, 상온 고체 플라스틱의 밀도는 보통 0.9~1.5 g/cm^{3}인데 반해, 압축 CO_2조차도 그 밀도는 고작 0.1~0.5 g/cm^3 수준입니다. 물론 플라스틱을 지하에 완전히 빈틈없이 채워 넣는 것은 어렵지만, 고체는 구조상 이미 분자 단위로 높은 밀도를 가지고 있기 때문에, 동일한 부피에 저장되는 탄소의 양은 기체보다 훨씬 많습니다.

실현 타당성이 검증된 '지하 격리' 방식의 사례: Vaulted Deep(미국)

바이오 기반 고체물질을 지하에 장기 저장하는 발상은 과연 실현 가능한 걸까요? 실제로 미국에서는 매우 유사한 개념을 음식물 폐기물에 적용하여 탄소 격리 기술로 상용화하고 있습니다.

대표적인 사례가 바로 미국 텍사스 기반의 스타트업 Vaulted Deep입니다. 이 회사는 음식물 및 유기 폐기물을 최소 가공(minimally processed)된 슬러리 형태로 만든 뒤, 이를 지하 깊숙한 지층에 주입하는 방식으로 탄소를 반영구적으로 격리하는 기술을 개발했습니다.

핵심 원리는 다음과 같습니다.

1. 깊은 지하층에 슬러리 형태의 유기물 주입
2. 그 위에는 불투수성 암반층(caprock)이 덮여 있어 산소 유입이나 수분 흐름이 차단됨
3. 결과적으로 유기물이 썩거나 분해되지 않고 수천 년 동안 안정적으로 보존
4. 추가적으로, 일부 독성 유기물이나 오염물질의 지표 노출도 막을 수 있음

이 기술은 단순한 아이디어를 넘어서, 실제로 경제성과 지속 가능성 측면에서 주목을 받고 있습니다. Vaulted Deep은 기후 기술 투자 펀드인 Frontier와 탄소 제거 계약(152,480톤)을 체결했으며, Microsoft와도 4.9백만 톤의 탄소 제거 장기 계약을 맺은 바 있습니다.

더욱 주목할 점은, 이 방식이 일론 머스크가 후원한 XPRIZE Carbon Removal 대회(2021 – 2025)에서 실제로 상위 수상(3위)을 했다는 것입니다. Vaulted Deep은 1,300개 팀 중 파이널리스트 20팀으로 선정되어 실증 프로젝트를 수행했고, 연간 1,000톤 이상의 탄소 격리를 입증하여 미화 800만 달러의 상금을 받았습니다.

즉, 썩지 않는 유기물을 지하에 묻는 방식은 공상이나 가설이 아니라, 실제로 구현되고 있고, 검증되고 있으며, 비용–효율성과 장기 저장성 모두에서 긍정적인 평가를 받고 있는 탄소 제거 방식입니다. 바이오 플라스틱 또한 일정 조건에서 '썩지 않는 탄소 저장체'로 간주할 수 있기 때문에, Vaulted Deep 사례는 향후 고체 탄소 저장소로서 바이오 플라스틱을 활용할 수 있는 가능성을 보여주는 좋은 선례가 됩니다.

이러한 기술과 정책적 실험이 진행되는 상황에서, 우리나라도 식물 기반 바이오 플라스틱을 '지하 탄소 저장 자산'으로 간주하고, Vaulted Deep과 같은 R&D 프로젝트를 설계해 볼 필요가 있습니다. 정부 또는 민간 주도로 지하 공간(예: 폐광, 고갈된 유전, 지하 염수층 등)을 활용하여 바이오 플라스틱 폐기물을 장기 고정시키는 방식의 실증 프로젝트를 구축한다면, 탄소중립에 새로운 전환점을 제시할 수 있을 것입니다.

2) 풀어야 할 숙제

지금까지 플라스틱을 덜 쓰기보다는, '어떻게 더 잘 쓸 수 있을까'를 고민해 왔습니다. 그중 하나가 바로 바이오 플라스틱을 땅속에 저장하는 전략, 즉 땅속에 탄소를 묻는 방식입니다. 실제로 플라스틱은 석유에서 얻은 탄소를 고체 상태로 오랫동안 보존하고 있는 물질이기 때문에, 분해되지 않는다면 일종의 탄소 저장소로도 활용할 수 있습니다. 하지만 과연, 바이오 플라스틱을 안전하게 땅속에 묻는 것이 현실적으로 가능한 전략일까요?

해결되지 않은 환경적 우려

바이오 플라스틱이라고 해도 완전히 자연에서 유래한 순수 물질만 사용되는 것은 아닙니다. 제조 과정에서 색소, 가소제, 기능성 첨가제가 들어간 경우가 많습니다. 이러한 성분이 땅속에서 수분과 반응하면, 침출수(Leachate, 유해 성분이 녹아든 물)가 발생할 수 있습니다. 이는 토양 오염과 지하수 오염으로 이어질 가능성이 있습니다.

또한 바이오 플라스틱이 장기간에 걸쳐 서서히 부서지거나 외부 충격을 받아 조각난다면, 눈에 보이지 않는 미세플라스틱으로 전환되어 토양이나 수계로 퍼질 위험도 있습니다. 생분해 과정 중 일부 단계에서 미세조각이 형성될 수 있으며, 이들은 생태계 내에서 분해되지 않고 생물 농축을 일으킬 수 있습니다.

기술적 보완이 필요한 부분

이 외에도 기술적으로 여러 부분에 보완이 필요합니다. 먼저는 지하 매립의 안정성이 담보되어야 합니다. 실제 토양 속의 온도, 압력, 미생물 환경 등에 따라 바이오 플라스틱의 거동이 달라질 수 있습니다. 장기적 실험과 검증이 필요합니다.

다음으로는 전처리 기술의 고도화를 달성해야 합니다. 매립 전 폐기물에서 첨가제를 제거하거나 안정화 처리하는 기술이 더욱 발전해야 합니다.

마지막으로 기능성 코팅 및 패키징 기술이 발전해야 합니다. 바이오 플라스틱이 분해되기 전까지 구조적으로 안정되도록 특수 코팅이나 물리적 차단막을 적용하는 기술도 연구 중입니다.

이러한 이유로, 바이오 플라스틱을 그냥 묻는 방식보다는 활용하면서 보존하는 전략이 더욱 현실적인 대안으로 떠오르고 있습니다.

3) 바이오 플라스틱의 실제적 활용

지하에 묻기 전, 바이오 플라스틱은 건축, 자동차, 토목 분야에서 탄소 저장소로 먼저 쓰일 수 있습니다. 벽체, 단열재, 마감재 등의 건축 내장재로 사용하면 건물이 유지되는 수십 년 동안 탄소가 건물 안에 고정됩니다. 또한 대시보드, 내장 패널 등 자동차 부품에 적용 시, 차량 수명 동안 탄소가 방출되지 않고 보존됩니다. 그 외에 지하 구조물, 교량 내부 등 장기 내구성이 요구되는 토목 구조물에서도 바이오 플라스틱의 사용은 유효합니다.

이러한 '사용 속 탄소 저장' 전략은 플라스틱을 버리는 대신 고정된 위치에 장기적으로 보관하는 방식이므로, 결과적으로 매립과 비슷한 탄소 저감 효과를 기대할 수 있습니다.

플라스틱이 만든 인공 나무, 공기를 정화하다

이러한 철학을 실현한 대표적인 사례가 있습니다. 바로 현대자동차와 영국의 생명공학 건축 그룹 에콜로직스튜디오(ecoLogicStudio)가 공동으로 전개한 도시 전시 프로젝트 '해비타트 원(Habitat One)'입니다.

이 전시에 등장한 트리 원(Tree One)이라는 조형물은 단순한 장식물이 아닙니다. 바이오 플라스틱으로 3D 프린팅된 구조물 속에서, 미세 조류인 알게(Algae)가 살아 숨 쉬며 이산화탄소를 흡수하고 산소를 배출합니다. 이 인공 나무 한 그루는 성인 나무 12그루에 해당하는 이산화탄소를 포집합니다. 구조물 자체의 플라스틱은 바이오 기반이기 때문에 탄소를 고정하고 있으며, 이 시스템은 전시와 동시에 실제 탄소 정화 기능을 수행합니다.

이 전시는 도시가 스스로 탄소를 흡수하고 순환할 수 있는 '바이오-디지털 생태계'로 진화할 수 있다는 가능성을 보여주는 좋은 예입니다.

[현대 모터스튜디오 서울_해비타트 원(Habitat One)_트리 원. (사진=현대자동차)]

테크노 스피어

자연에는 네 가지 주요한 탄소 저장 공간이 있습니다. 생물권, 토양권, 대기권, 수권입니다. 하지만 20세기에 들어서면서, 인류는 그 어디에도 속하지 않는 새로운 탄소 저장소를 만들어냈습니다. 바로 테크노 스피어(technosphere), 즉 인간이 만든 인공적 지층(artificial sphere)입니다. '테크노스피어'라는 용어는 독일의 지구시스템학자 Peter Haff가 제안한 개념으로, 도로, 건물, 다리, 기계, 플라스틱 제품, 스마트폰, 자동차, 비행기 등 인간이 만들어낸 모든 인공 구조물과 물질의 총합을 뜻합니다.

이 공간은 단순히 인간 활동의 부산물이 아니라, 지구의 탄소 흐름을 바꾸는 새로운 저장소로 작동합니다. 예를 들어 우리가 사용하는 플라스틱 의자, 건물의 단열재, 자동차의 내장재 속에도 막대한 양의 탄소가 고체 상태로 묶여 있습니다. 특히 바이오 기반 플라스틱은 식물로부터 흡수된 탄소를 재료로 사용하기 때문에, 그것이 제품 형태로 순환하거나 오랫동안 사용될수록 그 탄소는 대기로 돌아가지 않고 인공 구조물 속에 '저장된 채 유지'됩니다.

바이오 플라스틱으로 만든 음료병이 재활용을 거듭하며 수년간 사회 속을 순환하거나, 건축 내장재로 쓰여 수십 년간 건물 속에 머문다면, 그 자체가 탄소를 가두는 인공적 저장 행위가 되는 셈입니다. 즉, 플라스틱은 더 이상 단순한 소비재가 아니라, 지구 시스템의 새로운 탄소 저장 층의 일부가 되는 것입니다. 따라서 우리는 이제 묻지 않아도, 도시와 산업 구조물 속에 '숨어 있는 탄소 저장소'를 바라보아야 할 때입니다.

4) 우리가 버리는 모든 것은 탄소다

조금 더 눈을 넓혀보면 우리가 매일 버리는 음식물 쓰레기, 벌목 부산물, 수산물의 패각·껍질 등도 사실 모두 탄소를 고체 형태로 갖고 있는 바이오매스입니다. 하지만 이들은 대부분 썩거나 태워지며 이산화탄소 또는 메탄으로 되돌아갑니다. 이러한 자원을 썩지 않고 오래 가는 고분자 형태의 소재로 전환한다면, 그것만으로도 탄소를 저장하는 '제품'이 될 수 있습니다. 예를 들어 옥수수 전분 기반 생분해성 플라스틱, 조개껍질 기반 칼슘 복합소재, 셀룰로스 섬유 복합체 등을 생각해볼 수 있겠습니다.

이처럼, 플라스틱은 잘만 다루면 탄소 저장소의 역할도 할 수 있는 도구가 됩니다. 그리고 그 방법은 꼭 땅속에 묻지 않아도 됩니다. 건물 속에, 자동차 안에, 심지어 도시 한복판에 조형물로 세워도 우리는 탄소를 지킬 수 있습니다.

5) 매립 대신 순환: 재활용이 만드는 탄소의 안식처

마지막으로, 바이오 플라스틱이라고 해서 무조건 땅에 묻어야 하는 것은 아닙니다. 오히려 가능한 한 재활용을 통해 순환시키는 것이 탄소 배출을 억제하는 가장 효율적인 방법입니다.

플라스틱이 배출하는 이산화탄소의 대부분은 새로 만드는 과정에서 사용되는 에너지와, 버린 뒤 소각될 때 발생합니다. 따라서 이미 만들어진 플라스틱을 소각하지 않고, 오래 사용하거나 다시 녹여 새로운 제품으로 재활용한다면 –그것이 석유계든 바이오계든– 추가적인 탄 소 배출은 거의 일어나지 않습니다.

바이오 플라스틱도 이를 여러 번 재활용하며 제품 수명을 연장하면, 탄소를 장기간 고체 상태로 사회 속에 묶어두는 효과를 얻을 수 있습니다. 물론 모든 플라스틱이 무한히 재활용될 수 있는 것은 아닙니다. 여러 번 재활용되는 과정에서 품질이 점차 저하되어 더 이상 쓸모가 없을 정도로 열화된다면, 그때 비로소 매립이 '최후의 탄소 저장 옵션'이 될 수 있습니다.

이때 매립은 폐기라기보다, 분해와 소각을 피함으로써 남은 탄소를 대기로부터 격리하는 하나의 '보존 행위'로 볼 수 있습니다. 결국 이상적인 순환 구조는 '재활용 → 재사용 → 매립'의 순서로 이어집니다. 가능한 한 오래 순환시키고, 더 이상 순환이 불가능한 경우에만 탄소 저장의 마지막 수단으로 매립을 선택하는 것, 이것이 플라스틱을 진정한 '탄소 순환 소재'로 바라보는 올바른 접근입니다.

7. 바이오차: 숯처럼 탄소를 가두는 법

우리는 매일 식사를 합니다. 그리고 남은 음식은 별다른 고민 없이 쓰레기통에 버려집니다. 임업과 수산업, 농업의 현장에서도 마찬가지입니다. 나무를 자르고, 생선을 손질하고, 곡식을 수확하면서 어김없이 부산물이 생깁니다. 지금까지 우리는 이런 것들을 처리해야 할 폐기물로 여겨왔습니다.

하지만 이 부산물들은 모두 하나의 공통점을 갖고 있습니다. 바로 광합성의 산물이라는 점입니다. 다시 말해, 대기 중의 이산화탄소와 물, 햇빛으로 만들어진 생물 자원이란 뜻입니다. 음식물 찌꺼기, 나무 부스러기, 조개껍데기 같은 것들도 단순한 쓰레기가 아니라, 탄소를 머금은 자원인 셈이죠.

그렇다면, 이 자원들을 썩지 않고 오래 유지되는 형태로 바꾼다면 어떻게 될까요? 이들은 대기로 되돌아가는 대신, 지구 속에 탄소를 봉인하는 저장소로 변신할 수 있습니다. 그 대표적인 예가 바로 바이오차(biochar)입니다.

1) 탄 밥과 숯의 공통점

어릴 적, 전기밥솥 대신 압력솥이나 가마솥에 밥을 짓던 시절이 있었습니다. 불 조절을 조금만 잘못해도 밥이 누렇게 타버렸고, 냄비 바닥에는 까맣게 탄 밥 껍데기가 눌어붙었습니다. 그걸 '누룽지'라 부르며 긁어먹기도 했지만, 너무 탄 건 쓴맛이 강해서 먹기 힘들기도 했습니다.

사실 이 탄 밥의 모습은 바이오차를 이해하는 데 아주 좋은 단서가 됩니다. 바이오차는 말하자면, 생물에서 만들어진 재료를 일부러 태우되, 완전히 불태우지 않고 까맣게 '숯(char)처럼' 만든 고체 탄소 물질입니다. 나무, 볏짚, 음식물 찌꺼기 같은 바이오매스를 고온에서, 그러나 산소가 거의 없는 조건에서 열분해하면, 휘발성 성분은 날아가고 탄소는 고체로 남게 됩니다. 그렇게 얻어진 것이 바로 바이오차입니다. 즉, 나무나 음식물 찌꺼기를 태우되, 연기로 날아가기 전에 탄소를 잡아두는 방식입니다.

이 바이오차는 단순히 탄소 덩어리로 끝나지 않습니다. 토양에 섞으면 수분과 영양분을 오래 붙잡아 두어 농업 생산성을 높이고, 오염된 토양이나 물을 정화하는 데에도 쓰입니다. 심지어 단열재나 벽체 보드처럼 건축 자재로도 활용할 수 있습니다. 이처럼 바이오차는 탄소를 저장하면서도 다방면에서 쓰일 수 있는 '기능성 숯'입니다. 냄새 제거용 숯 베개나 수분 조절용 숯 주머니, 대나무 숯 비누 등을 익숙하게 접하는 것처럼, 바이오차 역시 익숙한 숯의 연장선상에 있지만, 보다 똑똑한 용도로 사용되는 '지구를 위한 숯'이라고 할 수 있습니다.

2) 바이오차, 탄소를 땅속에 묻는 검은 보물

바이오차는 나무, 곡식 찌꺼기, 음식물 쓰레기 같은 바이오매스를 고온에서, 산소가 거의 없는 조건에서 가열해 만들어집니다. 이렇게 하면 물과

[바이오차 (출처: GIZ Bush Control and Biomass Utilisation Project, CC BY-SA 4.0, Wikimedia Commons)]

가벼운 기체들은 날아가고, 고체로 남은 검은 탄소 덩어리, 즉 숯이 탄생합니다. 이 숯은 썩지도, 쉽게 분해되지도 않으며, 수백 년 이상 토양에 머물 수 있습니다. 그 말은 곧, 식물이 자라며 대기에서 흡수한 이산화탄소가 이 숯 속에 '봉인'되어 오랫동안 대기 밖에 갇힌다는 뜻이죠. 이런 방식으로 대기 중 탄소를 꺼내어 땅에 묻는 방법을 학자들은 Pyrogenic Carbon Capture and Storage(PyCCS)라고 부릅니다. 간단히 말하면, 숯을 통해 탄소를 저장하는 기술입니다.

3) 지구를 살리는 숯, 과학이 증명한 효과

최근 과학계에서는 바이오차가 정말 기후위기 해결에 도움이 되는지를 놓고 수많은 연구가 이루어졌습니다. 그 결과는 한결같습니다. 바이오차는 단지 탄소를 저장하는 것에서 그치지 않고, 다양한 온실가스 배출을 줄이고, 토양의 건강도 개선하며, 심지어 작물의 생산성까지 높여주는 다재다능

탄화된 볍씨, 인류 농경의 시작을 증명하다.

오늘날의 바이오차(biochar)는 식물성 자원을 불완전 연소시켜 탄소를 안정된 형태로 가두는 기술입니다. 그런데 이 원리가 수천 년 전의 고고학 유적에서도 자연스럽게 드러난다니, 믿어지십니까?

강원도 고성군 문암진리의 신석기 시대 밭 유적에서 탄화된 볍씨가 발견되었습니다. 이 볍씨는 사람들이 곡식을 재배하던 당시, 불이나 화재 등의 영향으로 완전히 타지 않고 부분적으로 탄화된 상태로 남은 흔적입니다. 탄화 과정에서 수소(H)와 산소(O)는 대부분 사라지고, 탄소(C)만 남은 숯과 같은 형태, 즉 오늘날 우리가 말하는 바이오차와 동일한 화학적 특성을 갖게 되었습니다.

이 탄화된 볍씨 덕분에 고고학자들은 신석기 시대에 이미 농경 활동이 이루어졌다는 사실을 확인할 수 있었습니다. 즉, 쉽게 썩지 않는 안정한 탄화물이 인류가 농사를 시작했다는 가장 확실한 증거 중 하나가 된 것입니다.

결국, 바이오차는 단지 현대의 탄소 저장 기술을 넘어, 인류의 선사 문화를 밝혀낸 과학적 단서이기도 합니다. 탄소가 남긴 이 작은 흔적이, 인류 문명의 시작을 설명해주는 '탄소의 기록'이 된 셈입니다.

한 기술로 평가받고 있습니다.

특히 코넬대학교의 요하네스 레만 교수는 "바이오차는 토양 개선, 탄소 격리, 폐기물 처리의 세 가지 효과를 동시에 실현하는 기후 솔루션"이라고 평가했습니다.

4) 지구 전체가 바이오차를 쓴다면?

과학자들은 이제 단순히 한 농장에서 실험하는 수준을 넘어, 전 지구적 차원에서 바이오차를 대규모로 활용했을 때 어떤 효과가 있을지 계산해보고 있습니다. 네이쳐의 자매지인 Communications Earth & Environment(2025)에 따르면, 바이오차는 연간 0.5~2.0 $GtCO_2eq$, 최대 6.6 $GtCO_2eq$까지 온실

[최신 연구들이 보여준 효과]

효과	설명
탄소 격리	바이오차 속 탄소는 수백 년 이상 토양 내에 안정적으로 저장됨(Weng & Cowie, 2025).
온실가스 저감	메탄(CH_4)과 아산화질소(N_2O) 같은 강력한 온실가스의 배출을 줄임(Zhang et al., 2025).
작물 생산성 향상	토양 구조를 개선하고, 물과 영양분 보유력을 높임(Salomon et al., 2025).
다양한 응용 분야	벼농사, 잔디 관리, 수산양식장, 슬러지 처리까지 다양한 환경에서 활용됨.
미생물 생태 회복	토양 미생물 균형을 회복시켜 간접적인 탄소 저감 효과도 유도함(Jiang et al., 2025).

가스를 저감할 수 있는 잠재력이 있습니다. 이는 현재 인류가 배출하는 온실가스의 최대 12%에 해당하며, 중간 시나리오로 봐도 4~8% 감축이 가능하다고 합니다. 이 정도 수치는 단순한 보조 기술을 넘어, 기후변화 대응의 핵심 솔루션 중 하나로 자리매김할 수 있다는 뜻입니다.

나가며

플라스틱을 다시 바라보는 눈

이 책을 처음 펼쳤을 때, 여러분은 아마 "플라스틱"이라는 단어에서 떠오르는 이미지가 그리 긍정적이지 않았을지도 모릅니다. 바다에 떠다니는 쓰레기 섬, 해양 생물을 위협하는 미세플라스틱, 넘쳐나는 일회용품들 말이죠.

이 책을 쓰는 동안, 필자들 역시 수없이 많은 질문을 마주했습니다. 플라스틱은 정말 환경의 적일까? 우리는 플라스틱 없이 살아갈 수 있을까? 그리고 과연, 더 나은 플라스틱은 가능한가?

하지만 이 책의 여정을 함께해온 지금, 플라스틱이라는 존재를 조금 더 입체적으로 바라볼 수 있게 되었기를 바랍니다. 플라스틱은 분명 많은 문제를 안고 있는 소재입니다. 하지만 동시에, 인류의 삶을 근본적으로 바꿔온 혁신의 산물이기도 합니다. 코끼리를 살리고, 인구의 의식주를 뒷받침하고, 질병의 전파를 막으며, 심지어 예술과 문화를 대중화하는 데에도 이바지했습니다. 오늘날 우리가 당연하게 누리는 많은 것들이 플라스틱 없이는 가능하지 않았을 것입니다.

플라스틱은 많은 걸 주었지만, 또 많은 걸 앗아갔습니다. 하지만 분명한 것은, 문제는 플라스틱 그 자체가 아니라 우리가 그것을 대하는 방식이라는 점입니다. 결국 중요한 건 플라스틱을 어떻게 만들고, 어떻게 쓰고, 어떻게 처리하느냐입니다.

다행히 기술은 진화하고 있습니다. 자연에서 분해되는 생분해성 플라스틱, 사용 후에도 새로운 자원으로 되살아나는 재활용 기술, 그리고 탄소를 땅에 묻는 바이오차 같은 전략까지. 우리는 더 나은 선택지를 만들고, 또 선택할 수 있는 시대에 살고 있습니다.

이제 우리는 단순한 소비자가 아닌, 더 나은 선택을 할 수 있는 사람들입니다. 줄일 수 있다면 줄이고, 대체할 수 있다면 대체하고, 끝내 써야 한다면 더 나은 방법으로 되돌릴 수 있는 시대에 살고 있으니까요. 플라스틱은 결코 '악당'이 아닙니다. 다만, 그 힘을 제대로 통제하지 못했을 뿐입니다. 지금부터라도 플라스틱과 함께 공존하는 길을 찾아야 합니다.

이 책을 읽는 동안, 여러분이 플라스틱을 단지 '나쁜 것'으로 단정짓지 않고, 그것이 품은 복잡한 이야기들을 함께 따라가 주셨기를 바랍니다. 그리고 이제는 누군가에게 플라스틱에 대해 이야기할 때, 조금은 다른 목소리로 말할 수 있게 되셨기를 기대합니다.

미래는 우리가 어떤 물질을 쓰느냐보다, 그 물질을 어떤 철학으로 대하느냐에 달려 있습니다. 플라스틱은 우리의 손끝에서 다시 태어날 수도, 잊힐 수도 있습니다. 그 선택은 언제나 우리에게 달려 있습니다.

플라스틱의 시대에 태어난 우리, 이제는 플라스틱의 미래를 책임질 차례입니다.

플라스틱, 썩지 않는 희망

기후 위기 시대에 다시 읽는 플라스틱의 진짜 가치

저 자 오동엽·박제영
발 행 인 김지영
발 행 처 자유아카데미
주 소 경기도 파주시 회동길 37-42
파주출판도시
전 화 031-955-1321
팩 스 031-955-1322
홈페이지 www.freeaca.com
전자우편 main@freeaca.com(대표)
editor@freeaca.com(편집)
crm@freeaca.com(영업)
등 록 제406-2003-017호, 1980. 7. 12
제1판1쇄 2025년 11월 5일 발행

ISBN 979-11-5808-774-6 93400